EL
ANDAR
DEL
CREYENTE
CON
CRISTO

Libros de John MacArthur publicados por Portavoz

Comentario MacArthur del Nuevo Testamento

JOHN MacArthur

EL ANDAR DEL CREYENTE CON CRISTO

EDITORIAL
PORTAVOZ

Título del original: *The Believer's Walk with Christ* © 2017 por John MacArthur y publicado por Moody Publishers, 820 N. LaSalle Boulevard, Chicago, IL 60610. Traducido con permiso.

Edición en castellano: *El andar del creyente con Cristo,* © 2018 por Editorial Portavoz, filial de Kregel, Inc., Grand Rapids, Michigan 49505. Todos los derechos reservados.

EDITORIAL PORTAVOZ
2450 Oak Industrial Drive NE
Grand Rapids, MI 49505 USA
Visítenos en: www.portavoz.com

ISBN 978-0-8254-5767-8 (rústica)
ISBN 978-0-8254-6663-2 (Kindle)
ISBN 978-0-8254-7477-4 (epub)

1 2 3 4 5 edición / año 27 26 25 24 23 22 21 20 19 18

Impreso en los Estados Unidos de América
Printed in the United States of America

Acerca de esta serie

Este volumen forma parte de la *Serie de estudios de John MacArthur*. Incluye capítulos adaptados del *Comentario del Nuevo Testamento de MacArthur*, con el propósito de crear un estudio temático. En consecuencia, cada capítulo está diseñado para llevar al lector a un estudio profundo del texto de las Escrituras, mientras que el volumen en su conjunto aborda un tema bíblico específico.

Este enfoque es ideal para todo aquel que desea estudiar en profundidad lo que la Biblia dice acerca de un tema determinado. También sirve como una valiosa herramienta para pastores o líderes de estudios bíblicos que buscan enseñar una serie sobre ese importante tema.

CONTENIDO

PREFACIO

"Andar" (o "caminar") es una rica metáfora bíblica, usada en las Escrituras para describir la búsqueda y la manera de vivir de una persona. En el Antiguo Testamento, aquellos que caminaron con Dios —como Enoc (Gn. 5: 22-24), Noé (Gn. 6:9), Abraham (Gn. 17:1), David (1 R. 3:14), Ezequías (2 R. 20:3), y Josías (2 R. 22:2)— se caracterizaron por el amor sincero por Él y por la obediencia fiel a su Palabra. Llevados por su pasión de buscar a Dios, ellos procuraron vivir de una manera que le agradara (Dt. 8:6, 10:12). Su vida se caracterizó por la integridad (Sal. 15:2), la rectitud (Pr. 14: 2), la sabiduría (Pr. 28:26) y la conformidad a su Palabra (Sal. 119:1, 35), mientras que evitaban los caminos engañosos de los impíos (Sal. 1:1, Pr. 4:14).

El tema del andar también aparece en el Nuevo Testamento, ya que el apóstol Pablo manda a los creyentes que ya no anden conforme a la carne (Ro. 8: 4) o a su antigua conducta (Ef. 4:17). En cambio, los cristianos deben andar en una vida nueva (Ro. 6: 4), mediante el poder del Espíritu Santo (Gá. 5:16, 25). Debido a que son nuevas criaturas en Cristo (2 Co. 5:17), su andar (o forma de vivir) se caracterizará por la fe (2 Co. 5:7), las buenas obras (Ef. 2:10), la humildad (Ef. 4:1-3), el amor (Ef. 5:2), la santidad (Ef. 5:8), la sabiduría (Ef. 5:15), la verdad (2 Jn. 4) y la obediencia (2 Jn. 6)). En consecuencia, los creyentes son instruidos a que "[anden] como es digno de Dios, que os llamó a su reino y gloria" (1 Ts. 2:12); a "[andar] como es digno de la vocación con la que fuisteis llamados" (Ef. 4:1); y a "[comportarse] como es digno del evangelio de Cristo" (Fil. 1:27).

Sin embargo, ¿qué significa, como cristiano, andar de una manera digna de nuestro llamamiento? Para responder a esa pregunta, vamos a examinar nueve pasajes del Nuevo Testamento que delinean diferentes aspectos del caminar del creyente con Cristo (es decir, la vida cristiana). Mi oración por el lector, mientras usted avanza través de las páginas siguientes, se refleja en las palabras de Pablo a los colosenses:

> No cesamos de orar por vosotros, y de pedir que seáis llenos del conocimiento de su voluntad en toda sabiduría e inteligencia espiritual, para que andéis como es digno del Señor, agradándole en todo, llevando fruto en toda buena obra, y creciendo en el conocimiento de Dios (Col. 1:9-10).

John MacArthur

Capítulo 1

ANDEMOS COMO ES DIGNO DEL EVANGELIO

Efesios 4:1-6

Yo pues, preso en el Señor, os ruego que andéis como es digno de la vocación con que fuisteis llamados, con toda humildad y mansedumbre, soportándoos con paciencia los unos a los otros en amor, solícitos en guardar la unidad del Espíritu en el vínculo de la paz; un cuerpo, y un Espíritu, como fuisteis también llamados en una misma esperanza de vuestra vocación; un Señor, una fe, un bautismo, un Dios y Padre de todos, el cual es sobre todos, y por todos, y en todos. (4:1-6)

Cuando una persona se une a alguna organización, se obliga por voluntad propia a vivir y actuar de conformidad con las normas del grupo. Acepta sus metas, objetivos y normas como suyos. Por ejemplo, un ciudadano está obligado a regirse por las leyes de su país, y un empleado está obligado a trabajar de acuerdo con las reglas, parámetros y propósitos de su compañía. Cuando alguien se une a un equipo atlético, está obligado a jugar como lo ordena el entrenador y de acuerdo con las reglas del deporte. La sociedad humana no podría funcionar sin esa clase de obligación.

Como seres humanos tenemos el deseo natural de ser aceptados y adquirir un sentido de pertenencia, y muchas personas están dispuestas a hacer todo lo que sea necesario para ganarse la aceptación en una orden fraternal, un club social, un equipo atlético u otro grupo. Muchas personas también están dispuestas a pagar cualquier precio con tal de evitar ser rechazadas por un grupo. Los padres del hombre que nació ciego tenían miedo de contar a los líderes judíos que Jesús había sanado a su hijo, porque temían ser expulsados de la sinagoga (Jn. 9:22). Aunque habían visto el resultado de un milagro con el que su propio hijo había sido curado de su ceguera de toda la vida, no quisieron dar crédito a Jesús por el milagro a causa de su temor a ser objetos del ostracismo social. Por la misma razón, "aun de los gobernantes, muchos creyeron en él; pero a causa de los fariseos no lo confesaban, para no ser expulsados de la sinagoga. Porque amaban más la gloria de los hombres que la gloria de Dios" (Jn. 12:42-43).

En ocasiones tales lealtades a normas y el temor al ostracismo en la iglesia no funcionan con la misma fuerza. Hay demasiados cristianos que se alegran de poder contar con la seguridad espiritual, las bendiciones y las promesas del evangelio, pero que tienen muy poco sentido de responsabilidad con respecto a vivir de conformidad con sus normas y obedeciendo sus mandatos.

En los primeros tres capítulos de Efesios, Pablo ha expuesto la posición que gozan los creyentes con todas las bendiciones, honores y privilegios de ser un hijo de Dios. En los siguientes tres capítulos presenta las obligaciones y requisitos consecuentes de ser sus hijos, a fin de vivir en la práctica nuestra salvación de acuerdo con la voluntad del Padre y para su gloria. En los primeros tres capítulos se expone la verdad acerca de la identidad del creyente en Cristo, y los últimos tres constituyen un llamado para responder a ello en la práctica.

Al recibir a Cristo como Salvador nos convertimos en ciudadanos de su reino y miembros de su familia. Junto con esas bendiciones y privilegios también recibimos obligaciones. El Señor espera de nosotros que actuemos como las personas nuevas que somos ahora en Jesucristo. Él espera que sus normas se conviertan en nuestras normas, sus propósitos en nuestros propósitos, sus deseos en nuestros deseos, su naturaleza en nuestra naturaleza. La vida cristiana es el proceso de convertirnos en lo que somos. Dios espera conformidad dentro de la Iglesia, el cuerpo de Cristo. No se trata de una conformidad legalista y forzosa a reglas y regulaciones externas, sino una conformidad interna y voluntaria a la santidad, el amor y la voluntad de nuestro Padre celestial, quien quiere que sus hijos le honren como su Padre. "Solamente que os comportéis como es digno del evangelio de Cristo", exhortó Pablo a los filipenses, "para que o sea que vaya a veros, o que esté ausente, oiga de vosotros que estáis firmes en un mismo espíritu, combatiendo unánimes por la fe del evangelio" (Fil. 1:27).

La palabra "pues" en Efesios 4:1 marca la transición de la posición espiritual a la práctica de la verdad en la vida diaria, de la doctrina al deber, del principio a la práctica. Pablo hace una transición similar en la epístola a los Romanos. Después de asentar once capítulos de doctrina, dedica el resto de la carta a instar a los cristianos a que vivan de acuerdo con esa doctrina, a que presenten sus "cuerpos en sacrificio vivo, santo, agradable a Dios, que es vuestro culto racional" (12:1). En Gálatas, Pablo dedica los primeros cuatro capítulos a explicar la libertad cristiana y los últimos dos a exhortar a los cristianos a vivir conforme a esa libertad. Esa clase de división se encuentra en muchas de las epístolas de Pablo (véase también Fil. 2:1-2; Col. 3:5; 1 Ts. 4:1). La práctica correcta siempre debe estar basada en los principios correctos. Es imposible tener un estilo cristiano de vida sin conocer las realidades de la vida que Cristo ha suministrado.

La doctrina correcta es esencial para el vivir correcto. Es imposible vivir una vida cristiana fiel sin conocer la doctrina bíblica. Doctrina significa enseñanza, y no hay modo de que hasta el más sincero de los creyentes pueda vivir una vida agradable a Dios sin conocer cómo es Dios mismo y cuál es la clase de vida que Dios

13

quiere que él viva. Quienes dejan de lado la teología bíblica también dejan de lado la vida cristiana saludable.

La renovación de la iglesia no viene como resultado de nuevos programas, edificios, organizaciones, métodos educativos o cualquier otro agente externo. La renovación de la iglesia viene ante todo mediante la renovación de la mente. Más adelante en esta carta, Pablo ora y pide que los efesios: "renovaos en el espíritu de vuestra mente, y vestíos del nuevo hombre, creado según Dios en la justicia y santidad de la verdad" (4:23-24). Quienes pertenecen al pueblo de Dios solo son renovados cuando captan en el espíritu de sus mentes la justicia y santidad de la verdad de Dios. Al principio de esta carta Pablo oró: "que el Dios de nuestro Señor Jesucristo, el Padre de gloria, os dé espíritu de sabiduría y de revelación en el conocimiento de él" (1:17). Crecer en gracia, como Pablo nos dice, está vinculado al hecho de crecer en "el conocimiento de nuestro Señor y Salvador Jesucristo" (2 P. 3:18). Junto con su ministerio de proclamar a Cristo, Pablo también seguía "amonestando a todo hombre, y enseñando a todo hombre en toda sabiduría, a fin de presentar perfecto en Cristo Jesús a todo hombre" (Col. 1:28). Es imposible hacer buenas obras sin el conocimiento de la Palabra de Dios (2 Ti. 3:16-17).

EL LLAMADO A UN ANDAR DIGNO

Yo pues, preso en el Señor, os ruego que andéis como es digno de la vocación con que fuisteis llamados, (4:1)

Antes de hacer su apelación, Pablo una vez más se refiere a sí mismo como "preso en el Señor" (3:1). Con la mención de su encarcelamiento, Pablo recuerda con gentileza a sus lectores que sabe lo costosa que puede resultar la decisión de andar como es digno del Señor, y que él mismo ha pagado un costo considerable a causa de su obediencia al Señor. El apóstol no les pediría que anduviesen de una manera en que él mismo no lo hiciera, ni que pagaran un precio que él mismo no estuviese dispuesto a pagar.

Sus circunstancias físicas presentes parecían en extremo negativas desde la perspectiva humana, pero Pablo quería que sus lectores supieran que esto no cambiaba su compromiso ni su confianza en el Señor.

El apóstol no estaba buscando ganarse la simpatía de sus lectores ni utilizar su confinamiento romano como un medio para avergonzar a los efesios y presionarles para cumplir con lo que les pedía. Más bien, les estaba recordando de nuevo su completa sumisión a Cristo, que él era preso en el Señor sin importar que estuviera o no en una cárcel. Pablo se convirtió en preso del Señor en el camino a Damasco y nunca buscó librarse de ese encarcelamiento divino.

Pablo tenía la capacidad de ver todas las cosas a la luz de cómo afectaban a Cristo y su relación con Él. Veía todo en sentido vertical antes de verlo en sentido horizontal. Sus motivos eran los de Cristo, sus normas eran las de Cristo, sus objetivos eran los de Cristo, su visión era la de Cristo, su orientación entera fue la de Cristo. Todas las cosas que pensaba, planeaba, decía y hacía se relacionaban de forma directa con su Señor, y en el sentido más pleno de la palabra era un cautivo del Señor Jesucristo.

La mayoría de nosotros estamos dispuestos a admitir que tenemos una tendencia tal a orientarnos hacia el ego que vemos muchas cosas primero que todo, y a veces solo así, con relación a nosotros mismos. Por otro lado, la persona que tiene la Palabra de Cristo morando en abundancia dentro de sí, aquel hombre y mujer que satura su mente con la sabiduría y verdad divinas, se pregunta: "¿Cómo afecta esto a Dios? ¿Qué impresión tendrá de ello? ¿Qué quiere Él que yo haga con este problema o esta bendición? ¿Cómo puedo agradarle mejor y honrarle más en esto?". Esa persona trata de ver todas las cosas a través del filtro divino de Dios, y esa actitud es la base y la marca distintiva de la madurez espiritual. Junto a David, el cristiano maduro puede decir: "A Jehová he puesto siempre delante de mí; porque está a mi diestra, no seré conmovido" (Sal. 16:8).

Pablo no se excusaba por requerir que los creyentes hicieran lo que él sabía que era correcto. Por eso dice sin rodeos "os ruego". La palabra griega *parakaléo* (traducida, "ruego") significa llamar a alguien para que esté al lado de uno, con la idea de ayudar o ser ayudado. Connota un sentimiento intenso y un deseo fuerte. En este contexto no solo se trata de una solicitud sino de un ruego, de algo que se implora o suplica. Pablo no estaba dando sugerencias a los efesios sino normas divinas aparte de las cuales no podrían vivir de una manera coherente frente al hecho de que eran hijos de Dios. Pablo nunca planteaba sus exhortaciones como diciendo: "tómalo o déjalo". Él no podía descansar hasta que quienes estaban bajo su cuidado espiritual anduviesen como es digno de la vocación con que habían sido llamados.

Pablo rogó al rey Agripa que escuchara su testimonio (Hch. 26:3), urgió con firmeza a los corintios que reafirmaran su amor hacia el hermano arrepentido (2 Co. 2:8), y suplicó a los gálatas que se mantuvieran firmes en la libertad del evangelio como él lo hacía (Gá. 4:12). Rogaba basándose en su amor intenso por los demás, tanto salvos como no salvos. Acerca de sus compatriotas judíos no salvos escribió: "Verdad digo en Cristo, no miento, y mi conciencia me da testimonio en el Espíritu Santo, que tengo gran tristeza y continuo dolor en mi corazón. Porque deseara yo mismo ser anatema, separado de Cristo, por amor a mis hermanos, los que son mis parientes según la carne" (Ro. 9:1-3).

Los cristianos no deberían resentirse contra un pastor que les inste e interpele con requerimientos sobre la fe como lo hizo Pablo a quienes ministraba. Un pastor que ejerce su ministerio con despreocupación o indiferencia no es digno de su posición.

El interés en amor por el bienestar espiritual de otros tiene un elevado costo, y aparte de la fortaleza de Dios puede ser frustrante y desmoralizador.

No solo los pastores sino todos los creyentes deberían tener una amorosa preocupación por interpelar, implorar, rogar e instar a otros para que respondan con su obediencia al evangelio. Como Pablo, todos deberíamos tener pasión por decir a nuestros hermanos en la fe que les rogamos que "andéis como es digno de la vocación con que fuisteis llamados", y a ser todo lo que el Señor desea que sean.

La palabra "andar" se emplea con frecuencia en el Nuevo Testamento para hacer referencia a la conducta diaria, a la vida cotidiana, y es el tema de los últimos tres capítulos de Efesios. En los primeros dieciséis versículos del capítulo 4, Pablo hace énfasis en la unidad y en el resto del capítulo, en el carácter único del andar cristiano. En los capítulos 5 y 6 recalca la pureza moral, la sabiduría, el control del Espíritu, las manifestaciones familiares de ese control, y la guerra espiritual del andar cristiano.

La palabra griega para "digno", *axios,* tiene en su raíz el significado de equilibrar la balanza, de asegurar que lo que haya a un lado de la balanza sea igual en peso a lo que se coloca en el otro lado. Por extensión, la palabra llegó a ser aplicada a cualquier cosa de la cual se esperaba que correspondiese con otra. Una persona digna de su paga era aquella cuyo trabajo del día correspondía con el salario por un día de trabajo. El creyente que anda como es digno de la vocación con que ha sido llamado es aquel cuya vida diaria corresponde con su elevada posición como hijo de Dios y coheredero con Jesucristo. Se caracteriza porque su vida práctica concuerda con su posición espiritual.

La vocación con que fuisteis llamados es el llamamiento soberano y salvador de Dios (cp. 1 Ts. 2:12). Pablo nos dice que Dios "a los que predestinó, a éstos también llamó; y a los que llamó, a éstos también justificó; y a los que justificó, a éstos también glorificó" (Ro. 8:30). Como el apóstol mencionó al comienzo de esta carta: "nos escogió en él antes de la fundación del mundo, para que fuésemos santos y sin mancha delante de él" (Ef. 1:4). Ninguna persona puede salvarse aparte de recibir a Jesucristo como su Salvador; pero ninguna persona puede escoger a Cristo si no ha sido ya escogida por el Padre y el Hijo. "No me elegisteis vosotros a mí", explicó Jesús a sus discípulos, "sino que yo os elegí a vosotros, y os he puesto para que vayáis y llevéis fruto, y vuestro fruto permanezca" (Jn. 15:16).

Pablo hace muchas referencias a la vocación (*klésis*) del creyente, que como en este caso, se refiere al llamamiento soberano y efectivo del Señor a la salvación (Ro. 11:29; 1 Co. 1:26; Ef. 1:18; 4:1, 4; Fil. 3:14; 2 Ts. 1:11; 2 Ti. 1:9; cp. He. 3:1; 2 P. 1:10).

Sin ese llamamiento divino y elección por parte de Dios, el hecho de escogerle nosotros tendría una futilidad absoluta. De hecho, si Dios no llamara los hombres a Él mismo, ningún ser humano *querría* acudir a Él, porque todos los hombres naturales se encuentran en enemistad con Dios (Ro. 8:7). La verdad maravillosa del evangelio es que Dios no solo envió a su Hijo para *proveer* el camino de salvación (Ro. 5:8), sino que lo envió para *buscar* a los perdidos con el fin de poder salvarles (Lc. 19:10). Dios no se contentó con el simple hecho de hacer disponible la salvación para la humanidad, sino que ha llamado para sí a los escogidos y redimidos.

Esa es la razón por la que nuestra "vocación" es suprema, es un "llamamiento celestial" (He. 3:1) y un "llamamiento santo" (2 Ti. 1:9). También por eso mismo el cristiano fiel y obediente tiene la determinación firme que le permite decir con Pablo: "prosigo a la meta, al premio del supremo llamamiento de Dios en Cristo Jesús" (Fil. 3:14).

LAS CARACTERÍSTICAS DEL ANDAR DIGNO

con toda humildad y mansedumbre, soportándoos con paciencia los unos a los otros en amor, solícitos en guardar la unidad del Espíritu en el vínculo de la paz; (4:2-3)

Aquí Pablo nos da cinco elementos esenciales para la vida cristiana fiel, cinco actitudes que definen lo que significa andar como es digno del llamado del Señor.

1. Humildad

Estas características, de las cuales la humildad es el fundamento, conforman una progresión en la que el ejercicio genuino de una de ellas conduce al ejercicio de la que le sigue.

Tapeinofrosúne ("humildad") es una palabra compuesta con el significado literal de pensar o juzgar con modestia, de ahí que la idea sea tener una mente humilde. Juan Wesley observó lo siguiente: "Ni los romanos ni los griegos tenían una palabra específica para referirse a la humildad". El concepto mismo era tan ajeno y aborrecible para su modo de pensar que ni siquiera contaban con un término para describirlo. Parece que este término griego fue acuñado por los cristianos, es probable que por Pablo mismo, a fin de describir una cualidad para la cual no había otra palabra disponible. Para los orgullosos griegos y romanos, sus términos para referirse a los cobardes o innobles, u otras características así, eran suficientes para describir a la persona "no natural" que no pensaba de sí con orgullo y satisfacción egocéntrica. Cuando, durante los primeros siglos del cristianismo, los escritores paganos que tomaron prestado el término *tapeinofrosúne,* siempre lo usaron con sarcasmo y zaherimiento para referirse casi siempre a los cristianos, por cuanto la humildad para ellos era una debilidad digna de lástima y escarnio.

No obstante, la humildad es la virtud cristiana más fundamental. No podemos siquiera empezar a agradar a Dios sin humildad, así como nuestro mismo Señor no habría podido agradar a su Padre si de forma voluntaria no se hubiera "[despojado] a sí mismo, tomando forma de siervo... y estando en la condición de hombre, se humilló a sí mismo, haciéndose obediente hasta la muerte, y muerte de cruz" (Fil. 2:7-8).

Por otro lado, la humildad es muy escurridiza porque si uno se enfoca demasiado en ella, con gran facilidad se puede convertir en orgullo, que es todo lo opuesto. La humildad es una virtud que debe procurarse siempre y alegarse nunca, porque si uno alega tenerla, es porque ya la ha perdido. Solo Jesucristo, como el Hijo perfecto y obediente, pudo afirmar tal humildad con justificación acerca de sí mismo: "Llevad mi yugo sobre vosotros, y aprended de mí, que soy manso y humilde de corazón" (Mt. 11:29). Él vino a la tierra como el Hijo de Dios. Sin embargo, nació en un pesebre, fue criado en una familia campesina, nunca tuvo propiedades a excepción de su manto, y fue sepultado en una tumba prestada. En cualquier momento, Él pudo haber ejercido sus derechos, prerrogativas y gloria divina, pero en obediencia y humildad rehusó hacerlo porque se habría salido de la voluntad de su Padre. Si el Señor de gloria anduvo en humildad mientras estuvo en la tierra, ¿cuánto más deben hacerlo sus seguidores imperfectos? "El que dice que permanece en él, debe andar como él anduvo" (1 Jn. 2:6).

Aunque la humildad está en el corazón mismo del carácter cristiano, ninguna virtud es más ajena a los caminos del mundo. El mundo exalta el orgullo, no la humildad. En el transcurso de la historia, la naturaleza humana caída y regida por Satanás, el príncipe de este mundo, ha eludido la humildad y defendido el orgullo. En gran parte la humildad ha sido vista como debilidad e impotencia, como una abyección que debe despreciarse. La gente afirma sin modestia alguna que se enorgullecen de sus trabajos, sus hijos, sus logros y demás. A la sociedad le encanta reconocer y alabar a quienes hayan logrado alguna cosa sobresaliente. Ostentación, jactancia, alarde y encumbramiento son las acciones más dinámicas en la bolsa de valores del mundo.

Lamentablemente, la iglesia refleja con mucha frecuencia esa perspectiva y patrón mundanos, montando muchos programas y organizaciones alrededor de las incitaciones superficiales de premios, trofeos y reconocimiento público. Parece que hemos encontrado la manera de alentar una jactancia que es "aceptable", porque se trata de alardes que se hacen en nombre del evangelio. Lo cierto es que, al hacerlo, contradecimos el mismo evangelio que afirmamos promover, porque la marca del cristianismo por excelencia es la humildad, no el orgullo ni la exaltación de uno mismo. La obra de Dios no puede beneficiarse en ningún sentido por los caminos del mundo. El llamado de Dios es *a* la humildad y su obra solo puede realizarse *mediante* la humildad.

LA HUMILDAD EN OPOSICIÓN AL ORGULLO (EL PRIMER PECADO)

El primer pecado fue el orgullo, y todo pecado después de ese ha sido en una u otra forma la extensión del orgullo. Orgullo fue lo que llevó al ángel llamado "Lucero, hijo de la mañana" a exaltarse por encima de su Creador y Señor. Por cuanto decía de continuo en su corazón: "Subiré al cielo; en lo alto, junto a las estrellas de Dios, levantaré mi trono, y... me sentaré... sobre las alturas de las nubes subiré, y seré semejante al Altísimo", todo en oposición a la voluntad de Dios, fue arrojado del cielo (Is. 14:12-23). Por cuanto dijo: "Yo soy Dios", fue echado "del monte de Dios" (Ez. 28:11-19). El pecado original de Adán y Eva fue el orgullo, la confianza que tuvieron en su propio entendimiento por encima del de Dios (Gn. 3:6-7). El escritor de Proverbios nos advierte: "Cuando viene la soberbia, viene también la deshonra" (11:2), "Antes del quebrantamiento es la soberbia, y antes de la caída la altivez de espíritu"

(16:18), y también "Altivez de ojos, y orgullo de corazón, y pensamiento de impíos, son pecado" (21:4).

Como creyentes, nuestra única protección contra el orgullo, y nuestra fuente de humildad por excelencia, es una visión apropiada de Dios. El orgullo es el pecado de competir con Dios, y la humildad es la virtud de someterse a su gloria suprema e incomparable. Por eso, Santiago nos advierte que "Dios resiste a los soberbios, y da gracia a los humildes" (Stg. 4:6; cp. Sal. 138:6). El orgullo se manifiesta de muchas maneras. Podemos ser tentados a enorgullecernos por nuestras capacidades, nuestras posesiones, nuestra educación, nuestra posición social, nuestra apariencia, nuestro poder, e incluso nuestro conocimiento de la Biblia y todo tipo de logros religiosos. Lo cierto es que, en todas las Escrituras, el Señor llama a su pueblo a la humildad. "A la honra precede la humildad" (Pr. 15:33); "riquezas, honra y vida son la remuneración de la humildad y del temor de Jehová" (22:4); "Alábete el extraño, y no tu propia boca; el ajeno, y no los labios tuyos" (27:2).

LA HUMILDAD: UNA PARTE DE LAS BENDICIONES ESPIRITUALES

La humildad es un ingrediente de toda bendición espiritual. Así como todo pecado tiene sus raíces en el orgullo, toda virtud tiene su raíz en la humildad. La humildad nos permite vernos tal como somos, porque nos muestra delante de Dios tal como Él es. Así como el orgullo está detrás de todo conflicto que tengamos con otras personas y todo problema de comunión que tengamos con el Señor, también la humildad está detrás de toda relación humana armónica, todo éxito espiritual y cada instante de comunión gozosa con el Señor.

Durante los días en que se practicaba la esclavitud en las Indias occidentales, a cierto grupo de cristianos moravos les resultó imposible testificar a los esclavos debido a que estaban separados por completo de la sociedad, y para muchos en aquel tiempo les parecía degradante el simple hecho de dirigirle la palabra a un esclavo. Sin embargo, dos misioneros jóvenes tenían la determinación de alcanzar a esas personas oprimidas a cualquier costo. Con el fin de cumplir el llamado de Dios, se juntaron con los esclavos. Trabajaron y vivieron a su lado y se identificaron por completo con ellos, tomando parte en sus trabajos excesivos, sus golpizas y maltratos. No es extraño que en poco tiempo los dos misioneros ganaran los corazones de esos esclavos, muchos de los cuales aceptaron como suyo el Dios quien había sido capaz de mover a aquellos hombres a tener una clase de amor tan abnegado y sacrificado.

Una persona ni siquiera puede convertirse en cristiano sin la humildad necesaria para reconocerse a sí misma como pecador y digno solo de la justa condenación de Dios. "De cierto os digo, que si no os volvéis y os hacéis como niños, no entraréis en el reino de los cielos. Así que, cualquiera que se humille" (Mt. 18:3-4). En el punto más elevado de su propia fama y reconocimiento como profeta, Juan el Bautista dijo acerca de Jesús: "Es necesario que él crezca, pero que yo mengüe" (Jn. 3:30). Marta se encontraba ocupada haciendo muchas cosas que se suponían eran por causa de Jesús, pero en tres ocasiones diferentes vemos a María con una verdadera actitud de humildad al sentarse con sencillez a los pies de Jesús.

En todos los cuatro evangelios, los escritores esconden su identidad para que la atención se enfoque solo en Jesús. Habría sido muy fácil para ellos incluir con sutileza relatos que favorecieran su imagen personal. Mateo se identifica como un odiado publicano y cobrador de impuestos, lo cual no hacen los otros escritores de los evangelios. Por otra parte, no menciona el banquete que ofreció a sus colegas publicanos con el objetivo de conocer a Jesús. A causa de la humildad de Mateo, fue Lucas quien se encargó de escribir acerca de ese evento. Es probable que Marcos haya escrito bajo la tutela de Pedro, y es posible que, debido a la influencia de ese apóstol, no se informen en ese evangelio dos de las cosas más asombrosas que sucedieron a Pedro durante el ministerio de Jesús: el hecho de haber caminado sobre el agua, y su confesión de Jesús como el Cristo, el Hijo del Dios viviente. Juan nunca menciona su propio nombre y con sencillez se refiere a sí mismo como "el discípulo a quien amaba Jesús". En una compilación de citas antiguas se encuentra un párrafo excelente escrito por Thomas Guthrie:

> Los edificios más espléndidos, las torres más altas y las cúspides más encumbradas, reposan sobre fundamentos profundos. La seguridad misma de los dones eminentes y las gracias preeminentes radica en su asociación con la profunda humildad. Solo pueden ser cosas peligrosas sin ella, y es necesario que los hombres grandes sean hombres buenos. Consideremos el potente navío. Un leviatán en el mar con sus mástiles elevados y una nube de velas. Con qué firmeza remonta las olas y recorre erguido las aguas turbulentas como si poseyera una vida inherente con la capacidad de regularse sin ayuda de cosa alguna... ¿Por qué no se vuelca sobre el asta para hundirse hasta el fondo? Porque oculto a la vista y bajo la superficie, hay un casco hermético y cargado con pesos y contrapesos bien distribuidos que le dan equilibrio a la nave y la mantienen siempre a flote. De igual manera, para preservar en rectitud al santo, siempre erguido y seguro frente a cualquier riesgo de caída y hundimiento, Dios da equilibrio por medio de pesos y contrapesos a quienes Él ha concedido espléndidos dones, y esto con la gracia esmerada de una humildad proporcionada.

FUENTES DE LA HUMILDAD

La humildad empieza por una conciencia correcta de nosotros mismos, "aquella virtud", según dijo Bernardo de Claraval, "por la cual un hombre se hace consciente de su propia indignidad". Empieza con una visión honesta de uno mismo, sin adornos ni retoques. La primera cosa que la persona honesta ve en sí misma es pecado y, por lo tanto, una de las marcas más seguras de humildad verdadera es la confesión diaria de pecado. "Si decimos que no tenemos pecado, nos engañamos a nosotros mismos, y la verdad no está en nosotros. Si confesamos nuestros pecados, él es fiel y justo para perdonar nuestros pecados, y limpiarnos de toda maldad" (1 Jn. 1:8-9). "Porque no nos atrevemos a contarnos ni a compararnos con algunos que se alaban a sí mismos", dice Pablo; "pero ellos, midiéndose a sí mismos por sí mismos, y comparándose consigo mismos, no son juiciosos" (2 Co. 10:12). Algo que además de no ser espiritual es nada inteligente, consiste en juzgarnos por comparación con otros. Todos tendemos por naturaleza a exagerar nuestras propias buenas cualidades y minimizar las buenas cualidades de los demás. La humildad nos quita los anteojos teñidos de color rosa y nos permite vernos como somos en realidad. No debemos ser "competentes por nosotros mismos para pensar algo como de nosotros mismos", dice Pablo, "sino que nuestra competencia proviene de Dios" (2 Co. 3:5).

Segundo, la humildad involucra el ser conscientes de quién es Cristo. Él es la única norma por la cual puede juzgarse la rectitud y el agradar a Dios. Nuestra meta no debe ser menos que "andar como él anduvo" (1 Jn. 2:6); Jesucristo anduvo en perfección. Jesús es el único de quien Dios dijo jamás: "Este es mi Hijo amado, en quien tengo complacencia" (Mt. 3:17).

Tercero, la humildad implica que seamos conscientes de quién es Dios. A medida que estudiamos su vida en los evangelios podemos llegar a ver a Jesús cada vez más en su perfección humana: su humildad perfecta, su sumisión perfecta al Padre, su amor, compasión y sabiduría perfectos. No obstante, más allá de su perfección humana, llegamos a ver su perfección divina: su poder ilimitado, el hecho de que conoce los pensamientos y el corazón de toda persona; también su autoridad para sanar a los enfermos, expulsar demonios y aun perdonar pecados. Llegamos a ver a Jesucristo como Isaías vio al Señor: "sentado sobre un trono alto y sublime", y queremos exclamar a plena voz con los serafines: "Santo, santo, santo, Jehová de los ejércitos; toda la tierra está llena de su gloria", y clamar con el profeta mismo: "¡Ay de mí! que soy muerto; porque siendo hombre inmundo de labios, y habitando en medio de pueblo que tiene labios inmundos, han visto mis ojos al Rey, Jehová de los ejércitos" (Is. 6:1, 3, 5). Cuando Pablo se miró con conciencia de sí mismo, vio al primero de los pecadores (1 Ti. 1:15). Cuando Pedro se miró al ser consciente de Cristo, dijo: "Apártate de mí, Señor, porque soy hombre pecador" (Lc. 5:8). Cuando Job se miró al ser consciente del carácter de Dios, dijo: "Por tanto me aborrezco, y me arrepiento en polvo y ceniza" (Job 42:6).

Nuestro éxito en los negocios, fama, educación, riqueza, personalidad, buenas obras o cualquier otra cosa que tengamos en esta vida, no cuentan para nada delante de Dios. Cuanto más confiamos y nos gloriamos en tales cosas, se van convirtiendo en una barrera cada vez mayor a nuestra comunión con Dios. Toda persona se presenta delante del Señor carente de toda cosa elogiable y cargada con todas las cosas que pueden condenarle, pero cuando acude con el espíritu del publicano penitente diciendo: "Dios, sé propicio a mí, pecador", Dios con amor y buena voluntad le acepta, "porque cualquiera que se enaltece, será humillado; y el que se humilla será enaltecido" (Lc. 18:13-14).

2. Mansedumbre

La humildad siempre produce mansedumbre, y esa es una de las señales más seguras de humildad verdadera. Uno no puede poseer mansedumbre *sin* humildad, y no puede poseer mansedumbre *con* orgullo. Puesto que el orgullo y la humildad se excluyen mutuamente, lo mismo sucede con el orgullo y la mansedumbre.

LA NATURALEZA DE LA MANSEDUMBRE

Muchos diccionarios definen mansedumbre en términos como "timidez" o "una deficiencia en ímpetu o espíritu"; pero tal definición está muy lejos del significado bíblico de la palabra. *Praótes* (traducido aquí "mansedumbre") se refiere a un espíritu afable y controlado, lo opuesto a toda actitud vengativa y virulenta. Jesús empleó la forma adjetivada del término en la tercera bienaventuranza ("Bienaventurados los mansos", Mt. 5:5) y también para describir su propio carácter ("que soy manso y humilde de corazón", Mt. 11:29). La mansedumbre es uno de los frutos del Espíritu (Gá. 5:23) y debería caracterizar a todo hijo de Dios (Col. 3:12; cp. Fil. 4:5).

El significado de *praótes* no tiene que ver en absoluto con debilidad, timidez, indiferencia o cobardía. Se empleaba para referirse a animales salvajes que habían sido domesticados, en especial caballos que habían tenido que ser doblegados y entrenados. Un animal así todavía conserva su fortaleza y brío, pero su voluntad está bajo el control de su dueño. El león domado sigue siendo potente, pero su potencia está bajo el control de su adiestrador. El caballo puede galopar con la misma velocidad, pero solo lo hace en el momento y el lugar en que su dueño le ordena correr.

EJEMPLOS BÍBLICOS DE MANSEDUMBRE

La mansedumbre es poder bajo control. La mansedumbre bíblica es poder bajo el control de Dios. Una persona mansa por lo general es tranquila, discreta, apaciguadora y de buenas maneras, además nunca es vengativa ni defensiva. Cuando los soldados llegaron para arrestar a Jesús en el huerto de Getsemaní y Pedro sacó su espada para defender a su Señor, Jesús dijo: "¿Acaso piensas que no puedo ahora orar a mi Padre, y que él no me daría más de doce legiones de ángeles?" (Mt. 26:53). Aun en su humanidad, Jesús tenía acceso a poder divino infinito que habría podido usar en cualquier momento para su propia defensa. No obstante, en ningún momento optó por hacerlo. El haber rehusado utilizar recursos divinos para cualquier cosa que no fuese la obediencia total a la voluntad de su Padre, es la imagen suprema y perfecta de mansedumbre, de poder bajo control.

David demostró esa clase de mansedumbre cuando rehusó matar al rey Saúl en la cueva que estaba en el desierto de En-gadi, aunque tuvo una oportunidad fácil y justificación considerable para hacerlo desde el punto de vista humano (1 S. 24:1-7). Después que David se convirtió él mismo en rey, de nuevo mostró la moderación de la mansedumbre cuando se abstuvo de resarcirse ante las provocaciones, maldiciones y ataques con piedra que recibió por parte de Simei (2 S. 16:5-14).

A Moisés se le describe como un varón "muy manso, más que todos los hombres que había sobre la tierra" (Nm. 12:3). No obstante, confrontó sin temor a Faraón en el nombre del Señor (véase Éx. 5–12), confrontó con enojo a Israel ante su rebelión e idolatría (32:19-29), y aun confrontó con osadía al Señor para que perdonara el pecado del pueblo (32:11-13, 30-32). En todo ello, la confianza de Moisés no se basaba en sí mismo sino en el carácter y las promesas del Señor. Cuando Dios le llamó por primera vez, Moisés respondió: "¡Ay, Señor! nunca he sido hombre de fácil palabra, ni antes, ni desde que tú hablas a tu siervo; porque soy tardo en el habla y torpe de lengua" (4:10). En su servicio al Señor a lo largo de su vida, Moisés cargó la vara que Dios le dio para que recordara que la gran obra a que el Señor le había llamado solo podría llevarse a cabo en el poder del Señor. Las marcas de la mansedumbre de Moisés fueron que él mismo era como nada y Dios lo era todo. Como Martin Lloyd-Jones ha observado: "Ser manso significa que usted está por completo acabado".

Por otra parte, la persona mansa también está en capacidad de actuar con justo enojo cuando la Palabra o el nombre de Dios son vituperados, como Jesús lo hizo cuando la casa de su Padre estaba siendo utilizada como una cueva de ladrones, y Él utilizó la fuerza física para sacar de allí a los transgresores (Mt. 21:13). Como Pablo afirma más adelante en esta carta, es posible enojarse sin pecar (Ef. 4:26). Al igual que el Señor mismo, la persona mansa no maldice a quienes le maldicen (1 P. 2:23). Cuando la persona mansa se enoja, su enardecimiento se da ante aquello que afrenta a Dios o es perjudicial para otros, no a causa de algo que le afecte en lo personal. Además, su enojo es controlado y dirigido con precisión, no se trata de una explosión abrupta y arbitraria que afecte a cualquiera que esté cerca.

EL CARÁCTER DEL MANSO

Una de las marcas distintivas de la mansedumbre verdadera es el autocontrol. Las personas que se enojan con cualquier molestia o inconveniencia que les afecta no saben nada de mansedumbre. "Mejor es el que tarda en airarse que el fuerte; y el que se enseñorea de su espíritu, que el que toma una ciudad" (Pr. 16:32). Otras dos marcas de mansedumbre ya mencionadas son la ira ante todo vituperio contra el nombre o la obra de Dios, y la *ausencia* de ira cuando nosotros mismos somos lastimados o criticados.

La persona mansa responde de buena voluntad a la Palabra de Dios sin importar qué requisitos o consecuencias tenga para su vida, y recibe con humildad "la palabra implantada" (Stg. 1:21). También es un pacificador que perdona sin dilación y ayuda a restaurar un hermano que cayó en pecado (Gá. 6:1). Por último, la persona de verdad mansa y afable conforme a las normas de Dios tiene la actitud correcta hacia los no salvos. No los mira con un sentimiento de superioridad, sino que anhela su salvación, sabiendo que en otro tiempo él mismo estuvo perdido, y lo seguiría estando de no ser por la gracia de Dios. Hemos de "estar siempre preparados para presentar defensa con mansedumbre (*praótes*) y reverencia ante todo el que nos demande razón de la esperanza que hay en nosotros" (1 P. 3:15). No solo las mujeres cristianas sino todos los creyentes deben mantenerse agraciados con "el incorruptible ornato de un espíritu afable y apacible, que es de grande estima delante de Dios" (1 P. 3:4).

3. Paciencia

Una tercera actitud que caracteriza el andar digno del cristiano es la paciencia, que es producto de la humildad y la mansedumbre. *Makrothumía* (paciencia) tiene el significado literal de aguante, y se traduce algunas veces como resistencia. La persona paciente resiste las circunstancias negativas y nunca cede ante ellas.

EJEMPLOS BÍBLICOS DE PACIENCIA

Abraham recibió la promesa de Dios, pero tuvo que esperar muchos años para ver su cumplimiento. "Y habiendo esperado con paciencia", nos dice el escritor de Hebreos, "alcanzó la promesa" (He. 6:15). Dios había prometido que los descendientes de Abraham serían una nación grande (Gn. 12:2), pero no le fue dado Isaac, el hijo de la promesa, hasta después que Abraham tuvo más de cien años de edad. A pesar de ello, "tampoco dudó, por incredulidad, de la promesa de Dios, sino que se fortaleció en fe, dando gloria a Dios" (Ro. 4:20).

Dios le dijo a Noé que construyera una embarcación en un sitio desértico y alejado de cualquier masa de agua, antes que hubiera caído la primera lluvia sobre la tierra. Durante 120 años, Noé trabajó en esa labor al tiempo que predicaba a sus vecinos acerca del juicio venidero de Dios.

En la crónica de los santos fieles del Antiguo Testamento que encontramos en la carta a los Hebreos, la perseverancia paciente de Moisés se menciona en dos ocasiones. Este hombre prefirió "antes ser maltratado con el pueblo de Dios, que gozar de los deleites temporales del pecado, teniendo por mayores riquezas el vituperio de Cristo que los tesoros de los egipcios; porque tenía puesta la mirada en el galardón. Por la fe dejó a Egipto, no temiendo la ira del rey; porque se sostuvo como viendo al Invisible" (He. 11:25-27). Santiago dijo: "Hermanos míos, tomad como ejemplo de aflicción y de paciencia a los profetas que hablaron en nombre del Señor" (Stg. 5:10). Cuando Dios llamó a Jeremías, dijo al profeta que nadie creería su mensaje y que sería aborrecido, maldecido y perseguido (Jer. 1:5-19). Sin embargo, Jeremías sirvió al Señor con fidelidad y paciencia hasta el final de su vida. De forma similar, cuando el Señor llamó a Isaías, le dijo que la nación no le escucharía ni se apartaría de su pecado (Is. 6:9-12). Así como Jeremías, él de todas maneras predicó y ministró con fidelidad paciente.

Pablo estuvo dispuesto a soportar cualquier penalidad, aflicción, burla o persecución con el objeto de servir con paciencia a su Señor. "¿Qué hacéis llorando y quebrantándome el corazón?", les preguntó a los cristianos de Cesarea después que el profeta Agabo predijo que el apóstol sería arrestado y encarcelado. "Porque yo estoy dispuesto no sólo a ser atado, mas aun a morir en Jerusalén por el nombre del Señor Jesús" (Hch. 21:13).

EL IMPACTO DE LA PACIENCIA: DAVID LIVINGSTONE

H. M. Stanley fue al África en 1871 para buscar a David Livingstone e informar sobre su actividad, para lo cual pasó varios meses en compañía del misionero, observando con detalle al hombre y su obra. Livingstone nunca habló a Stanley sobre asuntos espirituales, pero la compasión amorosa y paciente de Livingstone hacia los africanos estaba más allá de la capacidad de comprensión de Stanley, quien no podía entender cómo podía el misionero tener tal amor hacia la gente pagana y atrasada entre quienes había ministrado por tanto tiempo.

Livingstone dedicó su vida y energías a servir incansablemente a los que no tenía que amar por otra razón aparte del amor de Cristo. Stanley escribió en su diario: "Al ver con qué paciencia infatigable y celo inquebrantable servía a aquellos hijos del África ya alumbrados con el evangelio, me convertí en cristiano a su lado aunque él jamás me dijo una palabra al respecto".

Aristóteles dijo que la virtud griega más grande era rehusarse a tolerar cualquier insulto y disposición inmediata para devolver la ofensa. Ese no es el camino de Dios para su pueblo. El santo paciente acepta todo lo que otras personas le hagan y los cristianos deben ser "pacientes para con todos" (1 Ts. 5:14), aun con aquellos que ponen a prueba su paciencia hasta el límite. El cristiano es paciente con quienes le calumnian y cuestionan sus motivos para servir al Señor.

El santo paciente acepta el plan de Dios para todas las cosas, sin cuestionar ni refunfuñar. No se queja cuando su llamado parece menos llamativo que el de otros o cuando el Señor le envía a un lugar difícil o peligroso. Recuerda que Dios el Hijo dejó su hogar celestial lleno de amor, santidad y gloria para venir a la tierra y ser aborrecido, rechazado, escupido, golpeado y crucificado, sin devolver una sola vez mal por mal ni quejarse ante su Padre.

4. Amor que soporta

Un cuarto elemento característico del andar digno del cristiano es la actitud de estar "soportándoos con paciencia los unos a los otros en amor". Pedro nos dice que esa clase de "amor cubrirá multitud de pecados" (1 P. 4:8). Es como si tendiera una cobija gruesa sobre los pecados de los demás, no para justificarlos o excusarlos sino para impedir que sean conocidos más de lo necesario. "El odio despierta rencillas; pero el amor cubrirá todas las faltas" (Pr. 10:12). Con el amor que soporta uno puede recibir maltrato de otros y al mismo tiempo seguir amándoles.

El amor que soporta solo puede ser amor *agápe*, porque solo el amor *agápe* da de una manera continua e incondicional. El amor *eros* es en esencia amor a uno mismo, porque se interesa en otros solo en la medida de lo que pueda obtener de ellos. Es un hombre que toma y nunca da. El amor *filía* es ante todo un amor recíproco, un amor que da en la misma medida en que recibe. En cambio, el amor *agápe* es incondicional y libre de todo egoísmo; es la clase de amor en que se da de manera voluntaria sin importar que se reciba o no algo a cambio. Es benevolencia inconquistable y bondad invencible, un amor que se extiende hasta a los enemigos y que ora por sus perseguidores (Mt. 5:43-44). Por esa razón, Pablo llama a los creyentes diciendo: soportándoos, sabiendo que esto ha de expresarse de la única manera posible, en amor *agápe*.

5. Unidad

El resultado último de la humildad, la mansedumbre, la paciencia y el soportar en amor es ser "solícitos en guardar la unidad del Espíritu en el vínculo de la paz" (Ef. 4:3). *Spoudázo* (ser solícitos) tiene el significado básico de apresurarse, y de allí se derivan los significados de celo y diligencia. Un comentarista describe el concepto como celo santo que demanda dedicación plena. Pablo empleó la palabra al decir a Timoteo: "Procura con diligencia presentarte a Dios aprobado, como obrero que no tiene de qué avergonzarse, que usa bien la palabra de verdad" (2 Ti. 2:15; cp. Tit. 3:12-13).

NUESTRA PREOCUPACIÓN CONSTANTE: UNIDAD
POR MEDIO DEL ESPÍRITU

La preservación de la "unidad del Espíritu en el vínculo de la paz" debe ser el interés constante y solícito de todo creyente. Pablo no está hablando de unidad en el sentido de organización, como la fomentada en muchas denominaciones y en el movimiento ecuménico. Está hablando de la unidad del Espíritu que es interna y universal, por la cual todo creyente verdadero está vinculado con todos los demás creyentes verdaderos. Como Pablo aclara, se trata de la unidad del Espíritu obrando en la vida de los creyentes. No proviene de afuera sino del interior, y se manifiesta mediante las cualidades internas de humildad, mansedumbre, paciencia y amor que soporta.

La unidad espiritual no es y no puede ser creada por la iglesia. Ya ha sido creada por el Espíritu Santo. "Porque por un solo Espíritu fuimos todos bautizados en un cuerpo, sean judíos o griegos, sean esclavos o libres; y a todos se nos dio a beber de un mismo Espíritu... son muchos los miembros, pero el cuerpo es uno solo" (1 Co. 12:13, 20; cp. Ro. 8:9). Se trata de la unidad del Espíritu por la que Jesús oró con tanto fervor en el aposento alto poco antes de ser traicionado y arrestado: "Padre santo, a los que me has dado, guárdalos en tu nombre, para que sean uno, así como nosotros... para que todos sean uno; como tú, oh Padre, en mí, y yo en ti, que también ellos sean uno en nosotros... La gloria que me diste, yo les he dado, para que sean uno, así como nosotros somos uno. Yo en ellos, y tú en mí, para que sean perfectos en unidad" (Jn. 17:11, 21-23).

NUESTRA PARTE EN LA UNIDAD: ANDAR DE UNA MANERA DIGNA

La responsabilidad de la iglesia, por medio de las vidas de creyentes individuales, consiste en guardar la unidad del Espíritu a través del andar en fidelidad como es digno de la vocación divina (v. 1), haciendo manifiesto a Cristo ante el mundo mediante la unidad en Él (cp. Ro. 15:1-6; 1 Co. 1:10-13; 3:1-3; Fil. 1:27). El mundo siempre está buscando unidad y nunca la puede hallar. Todas las leyes, conferencias, tratados, acuerdos y convenios existentes han fracasado en el intento de traer unidad o paz. Se ha informado que, en el transcurso de la historia registrada, casi todos los tratados establecidos han sido quebrantados. No hay y no puede haber paz para los malos (Is. 48:22). Mientras el ego siga en el centro de todo —mientras nuestros sentimientos, prestigio y derechos sean el interés principal de nuestra vida—, jamás habrá unidad. El vínculo que preserva la unidad es la paz, el cinturón espiritual que rodea y enlaza a una todo el pueblo santo de Dios. Es el vínculo que Pablo describió en Filipenses al decir: "sintiendo lo mismo, teniendo el mismo amor, unánimes, sintiendo una misma cosa" (2:2). Detrás de este vínculo de la paz está el amor, que en Colosenses 3:14 se llama "el vínculo perfecto".

La humildad hace nacer la mansedumbre, la mansedumbre da a luz la paciencia, y la paciencia hace germinar el amor que soporta; todas estas cuatro características cumplen la función de guardar la unidad del Espíritu en el vínculo de la paz. Estas virtudes y la unidad sobrenatural de la que dan testimonio son con probabilidad el testimonio más poderoso que la iglesia puede tener, porque presentan un contraste marcado frente a las actitudes y falta de unidad del mundo. Ningún programa o método, sin importar el cuidado con que se planee y ejecute, puede abrir la puerta a la predicación del evangelio como lo hacen creyentes individuales al ser de verdad humildes y pacientes, al soportarse con paciencia unos a otros en amor y al demostrar su unidad pacífica en el Espíritu Santo.

La causa del andar digno

un cuerpo, y un Espíritu, como fuisteis también llamados en una misma esperanza de vuestra vocación; un Señor, una fe, un bautismo, un Dios y Padre de todos, el cual es sobre todos, y por todos, y en todos. (4:4-6)

Todo lo que tiene que ver con la salvación, la iglesia y el reino de Dios está basado en el concepto de unidad, como se refleja en el uso que Pablo hace de siete variaciones de la palabra uno en estos tres versículos. La causa o base de la unidad externa es la unidad interna. La unidad práctica está basada en la unidad espiritual. A fin de enfatizar la unidad del Espíritu, Pablo cita de nuevo las características de la unidad pertinentes a nuestra doctrina y vida. Pablo no desarrolla las áreas particulares de unidad, sino que presenta una lista de ellas: cuerpo, Espíritu, esperanza, fe, bautismo, Dios y Padre. Su enfoque está en la unidad que existe entre estos y cada uno de los otros aspectos de la naturaleza, el plan y la obra de Dios como la base para nuestro compromiso de vivir como uno solo. Es obvio que el versículo 4 se centra en el Espíritu Santo, el versículo 5 en el Hijo y el versículo 6 en el Padre.

UNIDAD EN EL ESPÍRITU

un cuerpo, y un Espíritu, como fuisteis también llamados en una misma esperanza de vuestra vocación; (4:4)

Solo existe un cuerpo de creyentes, la Iglesia, el cual está compuesto por todos y cada uno de los santos que han confiado o que confiarán en Cristo como Salvador y Señor. Por esa razón no existe un cuerpo denominacional, geográfico, étnico o racial. No hay un cuerpo gentil, judío, masculino, femenino, esclavo o libre. Solo existe el cuerpo de Cristo, y la unidad de ese cuerpo está en el corazón de la enseñanza de Efesios.

Es obvio que solo existe un Espíritu, el Espíritu Santo de Dios, quien es poseído por todo creyente y quien por ende es la fuerza unificadora en el cuerpo. Los creyentes son templos individuales del Espíritu Santo (1 Co. 3:16-17) que, como colectividad, crecen como un edificio "bien coordinado, [que] va creciendo para ser un templo santo en el Señor... juntamente edificados para morada de Dios en el Espíritu" (Ef. 2:21-22), el Espíritu es dado como "las arras de nuestra herencia hasta la redención de la posesión adquirida, para alabanza de su gloria" (Ef. 1:14). Él es como el anillo de compromiso divino (el juramento o las arras), por así decirlo, quien garantiza que todo creyente estará en la cena de las bodas del Cordero (Ap. 19:9).

Si todos los cristianos estuviesen andando en obediencia al Espíritu Santo y en su poder, primero nuestra doctrina y luego nuestras relaciones serían purificadas y unificadas. La unidad espiritual que ya existe se manifestaría en la práctica en armonía completa entre el pueblo de Dios. Los creyentes también son unificados en una esperanza de su vocación. Nuestro llamamiento a la salvación es un llamado a la perfección y gloria de la semejanza a Cristo. En Cristo tenemos diferentes dones, diferentes ministerios, diferentes lugares de servicio, pero solo una misma... vocación, aquel llamado a ser "santos y sin mancha delante de él" (Ef. 1:4) y a ser "hechos conformes a la imagen de su Hijo" (Ro. 8:29), lo cual ocurrirá cuando veamos a Cristo glorificado (1 Jn. 3:2). Es el Espíritu quien nos ha colocado en un mismo cuerpo y quien garantiza nuestro futuro glorioso.

Unidad en el Hijo

un Señor, una fe, un bautismo, (4:5)

En el mismo sentido obvio, solamente hay un Señor, Jesucristo nuestro Salvador. "Y en ningún otro hay salvación; porque no hay otro nombre bajo el cielo, dado a los hombres, en que podamos ser salvos" (Hch. 4:12). Pablo dijo a los gálatas: "Mas si aun nosotros, o un ángel del cielo, os anunciare otro evangelio diferente del que os hemos anunciado, sea anatema" (Gá. 1:8). "Pues el mismo que es Señor de todos, es rico para con todos los que le invocan" (Ro. 10:12).

En consecuencia, solo puede haber una fe. Pablo no se refiere aquí al acto de fe por el cual una persona se salva o a la fe continua que produce una vida cristiana productiva, sino más bien al cuerpo de doctrina revelado en el Nuevo Testamento. En el cristianismo verdadero solo existe una fe, "la fe que ha sido una vez dada a los santos" y por la cual debemos contender ardientemente (Jud. 3). Nuestra fe única es el contenido de la Palabra revelada de Dios. La falta de estudio fiel y cuidadoso de su Palabra, las tradiciones no examinadas, las influencias del mundo, las inclinaciones carnales y muchas otras cosas se encargan de fragmentar la doctrina en muchas formas diversas y aun contradictorias entre sí. La Palabra de Dios contiene muchas verdades, pero sus verdades individuales son facetas armoniosas de su única verdad, la cual es una fe que nos ha sido dada. Solo existe un bautismo entre los creyentes. El bautismo espiritual, por el cual todos los creyentes son colocados en el cuerpo por el Espíritu Santo, está implícito en el versículo 4. El "un bautismo" del versículo 5 se refiere al bautismo en agua, el medio común usado en el Nuevo Testamento para que un creyente haga confesión pública de Jesús como su Salvador y Señor. Se prefiere esta interpretación por la manera específica como Pablo ha hablado en sucesión de cada miembro de la Trinidad. Por así decirlo, este es el versículo que corresponde al Señor Jesucristo.

El bautismo en agua tenía una gran importancia en la iglesia primitiva, no como un medio de salvación o bendición especial sino de testimonio de identidad y de unidad con Jesucristo. Los creyentes no eran bautizados en el nombre de una iglesia local, un evangelista destacado o hasta de un apóstol, sino única y exclusivamente en el nombre de Cristo (véase 1 Co. 1:13-17). Aquellos que, gracias a un Señor, están unidos en una fe testifican de esa unidad en un bautismo.

UNIDAD EN EL PADRE

un Dios y Padre de todos, el cual es sobre todos, y por todos, y en todos. (4:6)

La doctrina básica del judaísmo siempre ha sido: "Jehová nuestro Dios, Jehová uno es" (Dt. 6:4; véase también 4:35; 32:39; Is.

45:14; 46:9), y la unidad de Dios es asimismo fundamental para el cristianismo (véase 1 Co. 8:4-6; Ef. 4:3-6; Stg. 2:19). Además, el Nuevo Testamento revela la verdad más completa de que un Dios existe en tres Personas: Padre, Hijo y Espíritu Santo (Mt. 28:19; Jn. 6:27; 20:28; Hch. 5:3-4).

Dios el Padre es un nombre que se emplea con frecuencia en las Escrituras como el título divino que más comprende y abarca el concepto de la deidad, aunque es claro a partir de muchos textos del Nuevo Testamento que Él nunca se separa en naturaleza o poder del Hijo ni del Espíritu Santo. Pablo no trata aquí de separar las personas de la deidad sino llamar la atención sobre sus papeles únicos al tiempo que se enfoca en su unidad en su relación mutua y con relación a la iglesia, unidad que se manifiesta en los diferentes aspectos mencionados en estos tres versículos.

Nuestro "un Dios y Padre" de todos, al lado del Hijo y del Espíritu, es "sobre todos, y por todos, y en todos". Esa declaración comprensiva apunta al hecho de la unidad divina, gloriosa y eterna que el Padre da a los creyentes por su Espíritu y a través del Hijo. Somos creados por Dios, amados por Dios, salvos por Dios, adoptados como hijos por Dios, controlados por Dios, sustentados por Dios, llenados por Dios y bendecidos por Dios. Somos un pueblo bajo un Dios soberano ("sobre todos"), omnipotente ("por todos") y omnipresente ("en todos").

Capítulo 2

ANDEMOS COMO UNA PERSONA NUEVA

Efesios 4:17-24

Esto, pues, digo y requiero en el Señor: que ya no andéis como los otros gentiles, que andan en la vanidad de su mente, teniendo el entendimiento entenebrecido, ajenos de la vida de Dios por la ignorancia que en ellos hay, por la dureza de su corazón; los cuales, después que perdieron toda sensibilidad se entregaron a la lascivia para cometer con avidez toda clase de impureza. Mas vosotros no habéis aprendido así a Cristo, si en verdad le habéis oído, y habéis sido por él enseñados, conforme a la verdad que está en Jesús. En cuanto a la pasada manera de vivir, despojaos del viejo hombre, que está viciado conforme a los deseos engañosos, y renovaos en el espíritu de vuestra mente, y vestíos del nuevo hombre, creado según Dios en la justicia y santidad de la verdad. (4:17-24)

Cuando una persona cree en Jesucristo y le confiesa como Señor para así nacer de nuevo, tiene lugar una transformación en su naturaleza básica. El cambio es aún más radical que el que tiene lugar en el momento de la muerte.

Cuando un creyente muere, ya ha sido hecho apto para el cielo, un ciudadano del reino que además ya se ha convertido en un hijo de Dios. Simplemente empieza a experimentar de manera perfecta la naturaleza divina que ha tenido desde su nacimiento espiritual, puesto que, por primera vez, queda por completo libre de la carne no redimida. El hecho de que reciba en el futuro su cuerpo resucitado (cp. 1 Co. 15:42-54) no le hará mejor, puesto que ya ha sido perfeccionado; pero sí le dará la capacidad plena para acceder a todo lo que incluye la vida eterna después de la resurrección.

La salvación no es una cuestión de mejoramiento o perfección de algo que haya existido con anterioridad. Es una transformación total. El Nuevo Testamento habla de que los creyentes tienen una nueva mente, una nueva voluntad, un conocimiento nuevo, sabiduría nueva, percepción nueva, entendimiento nuevo, justicia nueva, amor nuevo, deseo nuevo, ciudadanía nueva, y muchas otras cosas nuevas, todas las cuales están sintetizadas en la "vida nueva" (Ro. 6:4).

En el momento del nuevo nacimiento, una persona se convierte en "nueva criatura... las cosas viejas pasaron; he aquí todas son hechas nuevas" (2 Co. 5:17). No es solo que recibe algo nuevo, sino que *se convierte* en alguien nuevo. "Con Cristo estoy juntamente crucificado, y ya no vivo yo, mas vive Cristo en mí; y lo que ahora vivo en la carne, lo vivo en la fe del Hijo de Dios, el cual me amó y se entregó a sí mismo por mí" (Gá. 2:20). La nueva naturaleza no es añadida a la vieja naturaleza, sino que la reemplaza. La persona transformada es un "yo" renovado por completo. Por contraste al antiguo amor de lo malo (cp. Jn. 3:19-21; Ro. 1:21-25; 28-32), ese nuevo yo que es la parte más profunda y verdadera del cristiano, ahora ama la ley de Dios, anhela cumplir sus justas demandas, aborrece el pecado y anhela su liberación definitiva de la carne no redimida, que es la residencia de la nueva criatura eterna hasta el momento de su glorificación (véase Ro. 7:14-25; 8:22-24).

¿Por qué entonces seguimos pecando después de convertirnos en cristianos? Como Pablo explica en Romanos 7: "De manera que ya no soy yo quien hace aquello, sino el pecado que mora en mí. Y yo sé que en mí, esto es, en mi carne, no mora el bien; porque

el querer el bien está en mí, pero no el hacerlo" (vv. 17-18; cp. 20).
El pecado sigue residiendo en la carne, de tal modo que estamos
inhibidos y restringidos para dar una expresión plena y perfecta
a la nueva naturaleza que poseemos. La posesión de la plenitud
de la naturaleza divina libre de la corrupción de nuestra carne no
redimida es una promesa que solo veremos realizada en el futuro
(cp. Ro. 8:23; Fil. 3:20-21; 2 P. 1:3-4).

Por lo tanto, en términos bíblicos correctos no se puede decir
que un cristiano tenga dos naturalezas diferentes. Solo tiene una
naturaleza que es la nueva naturaleza en Cristo. El viejo hombre
muere y el nuevo hombre vive; esto quiere decir que jamás coexis-
ten. No es una vieja naturaleza remanente lo que hace pecar a los
cristianos sino la vestimenta externa de la carne pecaminosa. El
cristiano es una persona nueva y una criatura totalmente nueva,
no un esquizofrénico espiritual. Son los trapos inmundos de la
condición humana residual en que tiene que morar por un tiempo
la nueva criatura, lo que sigue impidiendo y contaminando su vida.
El creyente en la totalidad de su persona es transformado, pero
aún no es perfecto del todo. Tiene un pecado que reside pero que
ya no reina sobre su vida (cp. Ro. 6:14). Ha dejado de ser el viejo
hombre corrompido y ahora es el nuevo hombre creado en justicia
y santidad, aguardando la plenitud de su redención (cp. Ro. 13:11).

En Efesios 4, Pablo hace dos llamados basado en el hecho
de que los creyentes son nuevas criaturas. El primero da inicio
al capítulo: "Yo, pues... os ruego que andéis como es digno de
la vocación con que fuisteis llamados" (v. 1). El segundo (v. 17)
introduce el texto presente, en el que Pablo contrasta el andar
del incrédulo y perverso con el andar del cristiano espiritual. Da
continuidad al contraste con las palabras "por lo tanto" y "pues"
(v. 25; 5:1, 7, 15), mostrando la respuesta y reacción adecuada del
cristiano frente al hecho de que es una nueva criatura. Todo esto
apunta al hecho de que una naturaleza cambiada demanda un

comportamiento cambiado. Es como si el apóstol dijera: "En vista de que Dios ha creado una entidad nueva y maravillosa llamada la iglesia, y a causa de esta creación única con su carácter único de humildad, su investidura única de poder con dones espirituales, su unidad única como el cuerpo de Cristo y su necesidad de ser edificada en amor, aquí les presento la manera como cada creyente debería vivir al ser miembro de esa iglesia".

En los versículos 17-24, Pablo pasa de lo general a lo específico, dando primero cuatro características del andar del viejo hombre y luego cuatro características de la manera de andar del nuevo.

EL ANDAR DEL VIEJO HOMBRE

Esto, pues, digo y requiero en el Señor: que ya no andéis como los otros gentiles, que andan en la vanidad de su mente, teniendo el entendimiento entenebrecido, ajenos de la vida de Dios por la ignorancia que en ellos hay, por la dureza de su corazón; los cuales, después que perdieron toda sensibilidad se entregaron a la lascivia para cometer con avidez toda clase de impureza. (4:17-19)

Puesto que somos llamados a salvación, unificados en el cuerpo de Cristo, equipados por el Espíritu Santo con sus dones y edificados por hombres dotados de manera especial (vv. 1-16), "ya no [deberíais andar] como los otros gentiles". No podemos llevar a cabo la obra gloriosa de Cristo si continuamos viviendo de la misma manera que el mundo vive.

La palabra griega *éthnos* ("gentiles") en el versículo 17 no se encuentra en todos los textos griegos antiguos, y puede haber sido una añadidura posterior, pero su presencia aquí es del todo consecuente con su uso en otros lugares del Nuevo Testamento, incluso las demás epístolas de Pablo. El término se refiere básicamente a una multitud de personas en general, y luego a un grupo en particular. Este es el significado secundario que vemos en nuestra palabra derivada *etnia* o grupo étnico. Los judíos empleaban el término de dos formas comunes: primero para distinguir a todos los demás pueblos de los judíos y segundo para distinguir todas las religiones del judaísmo. Los gentiles por ende se relacionaban en sentido racial y étnico con todos los no judíos y, en sentido religioso, con todos los paganos.

En su primera carta a los Tesalonicenses, Pablo emplea el término en su significado pagano cuando se refiere a "los gentiles que no conocen a Dios" (1 Ts. 4:5), y ese es el sentido en que lo usa en nuestro texto presente. La palabra "gentiles" representa aquí a todas las personas paganas, impías y no regeneradas.

Como la iglesia en nuestros días, las iglesias en Éfeso, y en casi todas partes fuera de Palestina en tiempos del Nuevo Testamento, estaban rodeadas de paganismo descomedido y la inmoralidad que lo acompaña. Éfeso era una ciudad comercial y cultural de gran notoriedad en el Imperio romano. Se jactaba de tener el gran templo pagano de Artemisa o Diana, una de las siete maravillas del mundo antiguo; pero también era una ciudad que llevaba la delantera en la disipación y la inmoralidad sexual. Algunos historiadores la califican como la ciudad más lasciva de Asia Menor.

El templo de Artemisa o Diana era el centro de gran parte de la perversión. Como los templos de la mayor parte de las religiones paganas, sus rituales y prácticas no eran más que extensiones de los pecados más viles y depravados del hombre. Había intercambio de papeles masculinos y femeninos, y eran comunes el sexo orgiástico, la homosexualidad y todas las demás aberraciones sexuales. Artemisa era como tal una diosa del sexo representada por un ídolo antiestético y repugnante de color negro que parecía un cruce entre vaca y lobo. Era servida por miles de prostitutas, eunucos, cantores, danzarines, sacerdotes y sacerdotisas. Se veían en todas partes ídolos de Artemisa y otras deidades, en todos los tamaños y en diferentes materiales. Gozaban de especial popularidad los ídolos y artefactos religiosos hechos de plata. Fue debido a que la predicación de Pablo afectó en gran medida la reputación de ese oficio que los plateros efesios amotinaron a la plebe en contra suya y de sus hermanos en la fe (Hch. 19:24-28). El templo de Artemisa contenía una de las más completas colecciones de arte existentes en aquel tiempo. También era utilizado como un banco porque la mayoría de la gente tenía temor de robar dentro de sus muros, no fuera que provocasen la ira de la diosa o de otras deidades. Un perímetro de 400 metros servía como asilo para delincuentes, quienes estaban a salvo de amenazas y castigos mientras se mantuvieran dentro de los aledaños del templo. Por razones obvias, la presencia de cientos de delincuentes encallecidos añadía aún más a la corrupción y el vicio de Éfeso. El filósofo griego Heráclito del quinto siglo antes de Cristo, siendo pagano él mismo, se refirió a Éfeso como "la oscuridad de la vileza donde la moral es más baja que la de los animales; los ciudadanos de Éfeso solo son aptos para morir ahogados". No existe razón para creer que la situación hubiese cambiado mucho en el tiempo de Pablo, y si hubo cambio, pudo ser solo para empeorar.

La iglesia en Éfeso era una pequeña isla compuesta por personas menospreciadas por los demás en medio de un gran pozo de perversión. La mayoría de los creyentes habían pertenecido antes al paganismo. Con frecuencia pasaban por lugares donde antes se desenfrenaban con amigos paganos en borracheras y lujurias. Enfrentaban tentaciones continuas para recaer en viejos hábitos y, por esa razón, el apóstol les amonestaba que resistieran. "Esto, pues, digo y requiero en el Señor: que ya no andéis como los otros gentiles". Pedro dio una palabra similar de admonición al escribir: "Baste ya el tiempo pasado para haber hecho lo que agrada a los gentiles, andando en lascivias, concupiscencias, embriagueces, orgías, disipación y abominables idolatrías. A éstos les parece cosa extraña que vosotros no corráis con ellos en el mismo desenfreno de disolución, y os ultrajan" (1 P. 4:3-4).

Basados en lo que somos en Cristo y todo lo que Dios ha propuesto y dispuesto para nosotros como sus hijos redimidos y amados, hemos de ser en absoluto distintos del resto del mundo que no le conoce ni le sigue. En sentido espiritual, ya hemos dejado el mundo y somos ahora ciudadanos del cielo. Por lo tanto, debemos acatar la exhortación: "No améis al mundo, ni las cosas que están en el mundo. Si alguno ama al mundo, el amor del Padre no está en él. Porque todo lo que hay en el mundo, los deseos de la carne, los deseos de los ojos, y la vanagloria de la vida, no proviene del Padre, sino del mundo. Y el mundo pasa, y sus deseos; pero el que hace la voluntad de Dios permanece para siempre" (1 Jn. 2:15-17). Las normas del mundo son erróneas, sus motivos son errados, sus metas son absurdas. Sus caminos son pecaminosos, engañosos, corruptos, vacíos y destructivos.

La advertencia que Pablo da no se originó en sus propios gustos o preferencias personales. Él escribió: "Esto, pues, digo y requiero en el Señor". Insistir en abandonar el pecado y seguir la justicia no es un capricho de predicadores y maestros anticuados. Es la propia norma de Dios y su única guía para quienes le pertenecen. Es la esencia misma del evangelio y está en contraste radical con las normas de los no redimidos.

CARACTERÍSTICAS DEL VIEJO HOMBRE

Pablo procede a dar cuatro características específicas del estilo de vida impío y pagano que los creyentes deben abandonar. La vida mundana es inútil en lo intelectual, ignorante de la verdad de Dios, insensible en lo moral y espiritual, y depravada en el aspecto mental.

1. Inútil en lo intelectual

La primera característica de las personas no regeneradas es que viven en la vanidad de su mente. Es significativo que el asunto básico del estilo de vida se centra en la mente. Pablo continúa hablando de entendimiento e ignorancia (v. 18), aprendizaje y enseñanza (vv. 20-21), y de la mente y la verdad (vv. 23-24), todos los cuales están relacionados con el intelecto. Puesto que los incrédulos y los cristianos *piensan de manera diferente,* se concluye, por lo tanto, que han de *actuar diferente.* En lo concerniente a asuntos espirituales y morales, un incrédulo no puede pensar correctamente. Sus procesos racionales en esas áreas están atrofiados y son inadecuados (cp. Ro. 1:28; 8:7; 1 Co. 2:14; Col. 2:18; Tit. 1:15).

Debido a que la pecaminosidad del hombre fluye a partir de su mente reprobada, la transformación debe empezar con la mente (v. 23). El cristianismo es cognitivo antes de ser experimentado. Es nuestro pensamiento lo que nos hace considerar el evangelio y nuestro pensamiento lo que nos hace creer los hechos históricos y las verdades espirituales del evangelio, así como recibir a Cristo como Señor y Salvador. Por esa razón, el primer paso en el arrepentimiento es un cambio de mente acerca de uno mismo, de su condición espiritual y de su relación con Dios.

Para los griegos, la mente tenía una importancia preponderante. Se enorgullecían por su grandiosa literatura, arte, filosofía, política y ciencia. Habían avanzado tanto en su aprendizaje que los esclavos griegos eran valorados en gran manera por los romanos y otros conquistadores, como tutores para sus hijos y administradores de sus casas y negocios. Los griegos creían que casi cualquier problema podía ser resuelto mediante la razón.

Sin embargo, Pablo dice que en el campo espiritual la operación de la mente natural es fútil e improductiva. *Mataiótes* ("vanidad") se refiere a aquello que no produce el resultado deseado, todo aquello que no tiene éxito. Por ende, se empleaba como sinónimo de vacío porque, al fin de cuentas, es como nada. Es inevitable que el pensamiento espiritual y el estilo de vida que trae como resultado en los gentiles, palabra que aquí representa a todos los impíos, sea vacío, vano y carente de sustancia. La vida de un incrédulo está destinada a la trivialidad absoluta en pensamientos y acciones. Consume sus energías en pos de metas puramente egoístas, en la acumulación de lo que no pasa de ser temporal, y buscando satisfacción en lo que de por sí es engañoso y decepcionante.

La persona no regenerada planea y resuelve todas las cosas con base en su propia manera de pensar. Se convierte en su propia autoridad final y sigue su propio pensamiento hasta sus consecuencias y resultados últimos de futilidad, y falta absoluta de propósito y de sentido, a ese vacío egocéntrico que caracteriza el mundo en que vivimos (cp. Sal. 94:8-11; Hch. 14:15; Ro. 1:21-22).

Tras una vida en la que experimentó toda clase de ventajas y placeres mundanos, el hombre más sabio, rico y favorecido del mundo antiguo llegó a la conclusión de que la vida mundana "es vanidad y aflicción de espíritu" (Ec. 2:26; cp. 1:2; 14; 2:11; etc.). No obstante, siglo tras siglo y milenio tras milenio, los hombres siguen procurando alcanzar las mismas metas inútiles en las mismas formas inútiles.

2. Ignorante de la verdad de Dios

La segunda característica de las personas impías es su ignorancia de la verdad de Dios. Su pensamiento no solo es fútil, sino que carece de entendimiento espiritual. Andan "teniendo el entendimiento entenebrecido, ajenos de la vida de Dios por la ignorancia que en ellos hay, por la dureza de su corazón".

La educación general y el aprendizaje superior se han extendido mucho en nuestros días, más que en cualquier otra época de la historia humana. Las personas con títulos universitarios se cuentan por los cientos de millones, y nuestra sociedad, al igual que la Grecia antigua, se enorgullece de su ciencia, tecnología, literatura, arte y demás logros de la mente. Para muchas personas, el ser llamado ignorante es un insulto más grande que ser llamado pecador. No obstante, lo que Pablo nos dice en este pasaje es que la ignorancia y el pecado son inseparables. Puede ser que los impíos "siempre están aprendiendo", pero lo cierto es que "nunca pueden llegar al conocimiento de la verdad" (2 Ti. 3:7). La humanidad caída tiene una incapacidad intrínseca para conocer y comprender las cosas de Dios, las únicas cosas que en realidad merecen y necesitan ser conocidas. Cuando los hombres rechazaron a Dios, "se envanecieron en sus razonamientos, y su necio corazón fue entenebrecido" (Ro. 1:21). La futilidad y necedad intelectual se combinan como parte del castigo por el pecado.

La palabra griega detrás de "entenebrecido" es un participio perfecto, lo cual indica una condición continua de oscuridad e ignorancia espiritual. Esta oscuridad implica al mismo tiempo ignorancia e inmoralidad, y la oscuridad en el entendimiento va de la mano con la exclusión irremediable de la vida de Dios (cp. Jn. 1:5). La causa de sus tinieblas, ignorancia y separación de Dios es "la dureza de su corazón", su determinación voluntariosa a permanecer en pecado. Puesto que los hombres determinan rechazarle, Dios, a su vez, determina de forma judicial y soberana enceguecer sus mentes, excluirles de su presencia y ratificarles en su ignorancia espiritual. "Pues habiendo conocido a Dios, no le glorificaron como a Dios, ni le dieron gracias", explica Pablo acerca de la humanidad caída. "Profesando ser sabios, se hicieron necios... Por lo cual también Dios los entregó a la inmundicia, en las concupiscencias de sus corazones" (Ro. 1:21-22, 24).

"Por la dureza de su corazón" (Ef. 4:18), los impíos son incapaces de responder a la verdad (cp. Is. 44:18-20; 1 Ts. 4:5). Así como un cadáver no puede escuchar una conversación en la funeraria, el individuo que está espiritualmente muerto en sus "delitos y pecados" (Ef. 2:1) no puede escuchar ni entender las cosas de Dios sin importar con cuánta resonancia o claridad sean declaradas o se hagan evidentes ante él. *Pórosis* ("dureza") alude a la idea de ser duro como la piedra. Los médicos utilizaban la palabra para describir la calcificación que se forma alrededor de huesos rotos y que adquiere mayor dureza que el hueso mismo. También se usaba para aludir a las capas endurecidas que se forman a veces en las articulaciones y que ocasionan su inmovilidad. Por lo tanto, la palabra podía connotar tanto la idea de parálisis como de dureza espiritual. El pecado tiene un efecto petrificador, y el corazón de la persona que opta por pecar de continuo se endurece y paraliza frente a la verdad espiritual y llega a ser por completo insensible a las cosas de Dios.

Satanás juega una parte en la ceguera de aquellos que rehúsan creer, porque "el dios de este siglo cegó el entendimiento de los incrédulos, para que no les resplandezca la luz del evangelio de la gloria de Cristo, el cual es la imagen de Dios" (2 Co. 4:4). Se niegan a ver a Cristo porque rehúsan ver a Dios, y su rechazo es confirmado y reforzado sin dilación por el dios de este mundo.

Además, cuando los hombres persisten de forma continua en seguir su propio camino, llega también el momento en que quedan confirmados en su propia elección por el Dios del cielo. Los judíos que escucharon a Jesús enseñar y predicar tenían la gran ventaja de que la Palabra de Dios les había sido dada por medio de Moisés, los profetas y demás escritores del Antiguo Testamento. Incluso contaron con la ventaja de haber visto y escuchado al propio Hijo encarnado de Dios, "pero a pesar de que había hecho tantas señales delante de ellos, no creían en él... Por esto no podían creer, porque también dijo Isaías: Cegó los ojos de ellos, y endureció su corazón; para que no vean con los ojos, y entiendan con el corazón, y se conviertan, y yo los sane" (Jn. 12:37, 39-40). Puesto que no estaban dispuestos a creer, tampoco tenían la capacidad para creer.

Por eso Dios dice: "El que es injusto, sea injusto todavía; y el que es inmundo, sea inmundo todavía" (Ap. 22:11).

Siempre que los hombres eligen endurecer sus corazones mediante el rechazo constante de la luz (Jn. 12:35-36), llegan a "[tener] el entendimiento entenebrecido, [y se mantienen] ajenos de la vida de Dios por la ignorancia que en ellos hay, por la dureza de su corazón]" (Ef. 4:18). Esa es la tragedia inenarrable de la incredulidad, la tragedia de la persona que se convierte en su propio dios.

3. Insensible en lo espiritual y moral

La tercera característica de la persona no regenerada es la insensibilidad espiritual y moral. Por eso, Pablo dice que los impíos "perdieron toda sensibilidad". Cuando las personas continúan en el pecado y dan la espalda por voluntad propia a la vida de Dios, se vuelven apáticos e insensibles con respecto a realidades morales y espirituales. Rechazan todas las normas de justicia y no les importan las consecuencias de sus pensamientos y acciones injustas. Hasta su conciencia se cauteriza y pierde la capacidad de percibir lo que es malo (1 Ti. 4:2; Tit. 1:15).

De acuerdo a un antiguo relato griego, un joven espartano robó una zorra, pero luego se encontró de forma inadvertida con el hombre a quien la había robado. Para evitar que se descubriera su robo, el muchacho metió la zorra dentro de su vestido y se quedó de pie sin mover un solo músculo mientras el animal asustado le desgarraba las entrañas. Ni siquiera al precio de su propia y horrible muerte estuvo dispuesto a reconocer su falta.

Nuestra sociedad llena de maldad está tan determinada a no dejarse descubrir por lo que es, que se sostiene impertérrita mientras su propia vida y vitalidad le son arrancadas sin tregua por los pecados y la corrupción a los que se aferra con tanto apego. La sociedad ha perdido toda sensibilidad, tanto frente a la realidad como a las consecuencias del pecado, y está dispuesta a soportar cualquier agonía con tal de no admitir que su forma de "vivir" es el camino más seguro a la muerte. Por otra parte, los pecados que antes eran disimulados o excusados son ahora practicados de manera abierta y descarada. A veces ni siquiera se trata de mantener la apariencia de moralidad. Siempre que rige el deseo del ego, la indecencia corre descontrolada y procede a cauterizar la conciencia, aquella luz de advertencia y centro sensible al dolor que Dios ha dado a los hombres en su alma. Los moribundos se vuelven insensibles a lo que está acabando sus vidas, y esto debido a que han elegido esa manera de ver las cosas. Ni siquiera al ser expuestos en su desvergüenza a la vista del mundo sus pecados son reconocidos como pecaminosos, ni como la causa de una cada vez mayor y absoluta falta de sentido y de esperanza (cp. Ro. 1:32).

4. Depravado en su mente

La manera egocéntrica de pensar, la ignorancia de la verdad y la insensibilidad espiritual y moral conducen de forma inevitable a "la lascivia para cometer con avidez toda clase de impureza". Esa lascivia caracteriza la cuarta característica de una persona no regenerada, una mente depravada.

Asélgeia (lascivia) se refiere a conducta licenciosa, a la ausencia total de todo freno moral, sobre todo en el área de los pecados sexuales. Un comentarista dice que el término se refiere a "una disposición del alma que es incapaz de soportar el dolor de la disciplina". La idea del término es indulgencia desenfrenada en apetitos egoístas y obscenidad recalcitrante.

La lascivia caracteriza a la gente descrita por Pedro en estos términos: "aquellos que, siguiendo la carne, andan en concupiscencia e inmundicia, y desprecian el señorío. Atrevidos y contumaces, no temen decir mal de las potestades superiores, mientras que los ángeles, que son mayores en fuerza y en potencia, no pronuncian juicio de maldición contra ellas delante del Señor. Pero éstos, hablando mal de cosas que no entienden, como animales irracionales, nacidos para presa y destrucción, perecerán en su propia perdición" (2 P. 2:10-12).

Todas las personas reconocen, en principio, por lo menos alguna norma que establece la diferencia entre lo bueno y lo malo, lo correcto y lo incorrecto, y todos los seres humanos cuentan con cierta capacidad de sentir vergüenza cuando actúan en contra de ese principio. En consecuencia, por lo general tratan de esconder sus faltas y desvaríos. Es posible que recaigan siempre en lo mismo y lo sigan reconociendo como malo y como algo que no deberían hacer, de modo que su propia conciencia no les permite sentirse cómodos todo el tiempo. Pero a medida que persisten en prevalecer sobre la conciencia y adiestrarse o encallecerse en hacer lo malo e ignorar la culpa, tarde o temprano terminan rechazando esas normas y determinan vivir única y exclusivamente en conformidad con sus propios deseos, con lo cual revelan tener una conciencia ya cauterizada. Tras rechazar todas las pautas y recursos divinos para su protección, se vuelven *depravados en sus mentes* y se entregan a la lascivia. A esa clase de persona no le importa en absoluto lo que piensen los demás, para no mencionar lo que Dios piensa, sino tan solo aquello que gratifica las concupiscencias de su propia mente descarriada.

La impiedad y la inmoralidad que le acompaña destruyen la mente al igual que la conciencia y el espíritu. El rechazo de Dios y de su verdad y justicia trae como resultado final lo que Pablo llamó en Romanos "una mente reprobada" (1:28), una mente que no es mente en realidad porque no puede razonar, no puede pensar con claridad, no puede reconocer ni entender la verdad de Dios, y la cual pierde contacto con *toda* realidad. Tal es la perversión y deficiencia mental propia de la gente famosa que se caracteriza por la indulgencia y disipación absolutas, de aquellas personas que pierden sus carreras, su cordura y muchas veces su vida física a causa de la lascivia desvergonzada y extravagante que consienten en su vida. Cuando la indecencia se convierte en un estilo de vida, todos los aspectos de la vida se corrompen, distorsionan y destruyen tarde o temprano.

El rápido aumento en algunas formas de enfermedades mentales hoy día puede verse en proporción directa con el aumento desmesurado en la lascivia de todo tipo. El hombre está hecho para Dios y fue diseñado de acuerdo a sus normas. Siempre que el hombre rechaza a Dios y sus normas se destruye a sí mismo en el proceso. Las corrupciones de nuestra sociedad actual no son el resultado de circunstancias psicológicas o sociológicas sino el resultado de decisiones y preferencias personales basadas en principios que tienen el propósito específico de ir en contra de Dios y sus caminos. La homosexualidad, la perversión sexual, el aborto, la mentira, la trampa, el robo, el homicidio y todos los demás tipos de degeneración moral se han vuelto formas de vida insolentes e insensibles por medio de las decisiones y preferencias conscientes de aquellos que se entregan a ellas con indulgencia.

Ergasía ([para] "cometer") puede referirse a una empresa, negocio o actividad comercial, y esa idea se podría aplicar aquí. La persona impía con frecuencia realiza negocios lucrativos con "toda clase de impureza". Un líder cristiano comentó hace algunos años que muchos de los libros publicados en los Estados Unidos compiten con el chorro de una alcantarilla, y de hecho es que la pornografía, la prostitución, el cine "para adultos", los programas sugestivos en televisión y toda clase de impureza constituyen quizás la industria de mayor volumen y crecimiento en nuestro país. La vasta mayoría de su contenido es abierto al público, desvergonzado y protegido por la ley.

Un artículo en la revista *Forbes,* publicado hace unas décadas, titulado "La economía de clasificación X",[1] empezó afirmando lo obvio: la pornografía ha dejado de ser un negocio ilegal. El mercado para la pornografía no se limita a los pervertidos y otras clases de tarados emocionales. Por el contrario, la mayor parte del mercado se encuentra entre la gente de clase media. En una sociedad cada vez más permisiva, los que gustan de la pornografía están en libertad de regodearse en ella. La revelación más sorprendente fue que, de acuerdo a las cuentas oficiales, los productores y distribuidores de pornografía en este país generan con sus negocios miles de millones de dólares al año, una cifra mayor que los ingresos combinados de las industrias del cine y la música que con frecuencia los respaldan. A medida que nos acercamos al año 2020, la calidad de las imágenes de alta definición y la transmisión de vídeo ofrecen imágenes provocativas y, a menudo, gráficas para la televisión en los hogares y pantallas de ordenador. Y sin filtros de Internet es fácil para cualquiera entrar, incluso sin querer, a sitios inapropiados de la red. Esa impureza está disponible para ordenadores, teléfonos inteligentes y cualquier dispositivo electrónico que pueda tener acceso a la red mundial

La lascivia es inseparable de la avidez. *Pleonexía* ("avidez") es codicia sin límites, lujuria desenfrenada hacia el objeto del deseo egoísta. La inmoralidad no tiene parte alguna en el amor, y todo lo que la persona sensual hace bajo la apariencia de interesarse en otros y ayudarles no es más que una treta para la explotación. El mundo de la lascivia y la impureza es el mundo de la avidez desenfrenada. La persona que se entrega a la impiedad y la inmoralidad se apropia ávidamente de todo lo que pueda obtener de quienes le rodean. Evalúa todos los aspectos de la vida solo en términos materialistas (Lc. 12:15), utiliza a otras personas para su propia ventaja (1 Ts. 2:5; 2 P. 2:3), y da la espalda a Dios con el objetivo

---

1. "The X-Rated Economy", *Forbes*, 18 de septiembre de 1978, pp. 81-92.

de satisfacer sus propios deseos malignos (Ro. 1:29). Esta lascivia y avidez pecaminosa no es otra cosa que idolatría (Col. 3:5).

Cuando una persona determina pensar según su propio dictamen, hacer las cosas a su manera y procurarse su propio destino, se está apartando de toda posible relación personal con Dios. Al suceder esto, se escinde de la verdad y se convierte en un ciego espiritual que carece de normas de moralidad. Sin estos principios, la inmoralidad se convierte en un estilo de vida desvergonzado e insensible. El hecho de continuar en ese estado destruye la capacidad de la mente para distinguir el bien del mal, la verdad de la falsedad y la realidad de lo irreal. La vida impía se convierte en la existencia sin sentido ni intelecto.

Ese proceso caracteriza a todo incrédulo. Es la dirección en que se dirige la vida de toda persona impía, aunque algunos vayan más lejos que otros en la misma vía. "Los malos hombres y los engañadores irán de mal en peor, engañando y siendo engañados" (2 Ti. 3:13). El hecho de que algunas personas no alcancen los extremos que Pablo menciona en Efesios 4:17-19 se debe solamente al escudo protector de la gracia común y universal de Dios que Él extiende sobre justos e injustos por igual (véase Mt. 5:45), y a la influencia preservadora del Espíritu Santo (Job 34:14-15) y de la iglesia (Mt. 5:13).

EL ANDAR DEL NUEVO HOMBRE

Mas vosotros no habéis aprendido así a Cristo, si en verdad le habéis oído, y habéis sido por él enseñados, conforme a la verdad que está en Jesús. En cuanto a la pasada manera de vivir, despojaos del viejo hombre, que está viciado conforme a los deseos engañosos, y renovaos en el espíritu de vuestra mente, y vestíos del nuevo hombre, creado según Dios en la justicia y santidad de la verdad. (4:20-24)

El nuevo andar en Cristo es exactamente lo opuesto del viejo andar de la carne. Mientras que el viejo hombre andaba en su egocentrismo y futilidad, el nuevo está centrado en Cristo y tiene propósito. Mientras el viejo es insensible y desvergonzado en lo moral y espiritual, el nuevo es sensible al pecado de cualquier clase. Mientras que el viejo es depravado en su manera de pensar, el nuevo ha sido renovado por completo en su mente.

Está centrado en Cristo

Mas vosotros no habéis aprendido así a Cristo, (4:20)

Tras describir los males del mundo pagano y la perversión egocéntrica sin propósito ni normas que al mismo tiempo procede de las tinieblas y conduce a la ignorancia espiritual, Pablo declaró a los creyentes que habían recaído en tal degradación: "Mas vosotros no habéis aprendido así a Cristo". Esa no es la manera ni el estilo de Cristo ni de su reino o familia. "Ustedes no deben tener parte alguna en tales cosas", les insistió, "bien sea por participación directa o por asociación indirecta".

La frase "vosotros no habéis aprendido así a Cristo" es una referencia directa a la salvación. Aprender a Cristo equivale a ser salvo. Aunque es cierto que el verbo *mantháno* puede emplearse con referencia al proceso de aprender la verdad (véase Ro. 16:17; Fil. 4:9), también puede significar "llegar a conocer",[2] como un acto que sucede solo una vez, en particular cuando el verbo se encuentra en el indicativo aoristo activo, como en este caso. El aoristo también se emplea en Juan 6:45, donde Jesús habló acerca de aquellos que habían sido "enseñados por Dios" y de "todo aquel que... aprendió de él", como una referencia al acto

---

2. Walter Bauer, *A Greek–English Lexicon of the New Testament*, trads. y eds. W. F. Arndt y F. W. Gingrich. 5a ed. (Chicago: Univ. of Chicago, 1958), p. 490.

salvador de la fe bajo el antiguo pacto, lo que les llevaría a ellos a conocerle a Él.

En Mateo 11:29, Jesús ofreció una de las invitaciones más amorosas y maravillosas a la salvación: "Llevad mi yugo sobre vosotros, y aprended de mí". Este uso de *mantháno* también está en tiempo aoristo, lo cual indica que se trata de un acto único e irrepetible.

Tanto el contexto como el uso del tiempo verbal aoristo en el verbo "aprender" en estos pasajes llevan a la conclusión de que este aprendizaje se refiere al momento en que se deposita la fe para salvación.

"La amistad del mundo es enemistad contra Dios" (Stg. 4:4), y la persona que hace una profesión de fe en Cristo pero no realiza esfuerzo alguno para romper con sus hábitos mundanos y pecaminosos tiene razón para dudar de su salvación. "El que dice: Yo le conozco, y no guarda sus mandamientos, el tal es mentiroso, y la verdad no está en él", y "si alguno ama al mundo, el amor del Padre no está en él" (1 Jn. 2:4, 15).

Los caminos de Dios y los caminos del mundo no son compatibles. La idea promovida por algunos que afirman ser evangélicos, según la cual un cristiano no tiene que renunciar a ciertas cosas ni cambiar algo en su vida cuando se convierte en cristiano, no es nada menos que diabólica. Esta noción, bajo el talante de elevar la gracia de Dios y proteger el evangelio de la justificación por obras, el único resultado que tiene es enviar a muchas personas engañadas a recorrer con falsa seguridad el camino ancho que, como Jesús dijo, solo conduce a la destrucción (Mt. 7:13).

En el lado humano, la salvación empieza con el arrepentimiento, un cambio de mente y acción con respecto al pecado, el ego y Dios. Juan el Bautista (Mt. 3:2), Jesús (Mt. 4:17) y los apóstoles (Hch. 2:38; 3:19; 5:31; 20:21; 26:20) empezaron sus ministerios con la predicación del arrepentimiento. El propósito mismo de recibir a Cristo es "[ser] salvos de esta perversa generación" (Hch. 2:40), y ninguno es salvo si no ha pasado por el arrepentimiento y abandono del pecado. El arrepentimiento no nos salva, pero Dios no puede salvarnos del pecado si no estamos dispuestos a erradicarlo de nuestra vida. Ningún cristiano es del todo libre de la presencia del pecado en esta vida, pero en Cristo está libertado y está dispuesto a mantenerse libre de su orientación hacia el pecado. El creyente puede resbalar muchas veces y caer, pero la dirección clara y determinada de su vida consiste en *alejarse del pecado*.

Una de las primeras cosas que un cristiano debería aprender es que no puede confiar en su propio pensamiento ni fiarse de su propio modo de hacer las cosas. "Por todos murió [Cristo], para que los que viven, ya no vivan para sí, sino para aquel que murió y resucitó por ellos" (2 Co. 5:15). El cristiano tiene la mente de Cristo (1 Co. 2:16) y la mente de Cristo es la única en la que puede confiar sin reservas ni temor. El cristiano obediente y fiel es aquel para quien Cristo piensa, actúa, ama, siente, sirve y vive en todo sentido porque puede decir junto con Pablo: "Con Cristo estoy juntamente crucificado, y ya no vivo yo, mas vive Cristo en mí; y lo que ahora vivo en la carne, lo vivo en la fe del Hijo de Dios, el cual me amó y se entregó a sí mismo por mí" (Gá. 2:20).

Puesto que tenemos la mente de Cristo, hemos de tener en nosotros "este sentir que hubo también en Cristo Jesús", quien "se humilló a sí mismo, haciéndose obediente hasta la muerte, y muerte de cruz" (Fil. 2:5, 8). Aunque Cristo es uno con su Padre, mientras estuvo en la tierra no hizo nada en absoluto fuera de la voluntad del Padre (Mt. 26:39, 42; Jn. 4:34; 5:30; 6:38; etc.). Si nuestro Señor encarnado buscó tener la mente de su Padre celestial en todas las cosas que hizo, ¿cuánto más deberíamos nosotros? La marca de la vida cristiana es pensar como Cristo, actuar como Cristo, amar como Cristo y, en todos los sentidos posibles, ser como Cristo, a fin de que "ya sea que velemos, o que durmamos, vivamos juntamente con él" (1 Ts. 5:10).

Dios tiene planeado el destino del universo, y mientras Cristo esté obrando en nosotros, está llevando a cabo una parte de ese plan por medio de nosotros. La vida centrada en Cristo es la vida más llena de propósito y significado que se pueda concebir, ¡porque forma parte activa del plan divino y de la obra perfecta de Dios!

Conoce la verdad de Dios

si en verdad le habéis oído, y habéis sido por él enseñados, conforme a la verdad que está en Jesús. (4:21)

En lugar de ser ignorante de la verdad de Dios, el cristiano ha oído a Cristo y ha sido por él enseñado. Ambos verbos están en el tiempo aoristo, apuntando también a un acto singular en el pasado, y en este contexto con referencia al tiempo en que los lectores fueron enseñados acerca del evangelio y creyeron en su mensaje, llamado aquí "la verdad que está en Jesús". Estos términos describen el momento de la salvación o conversión. Cuando una persona recibe a Cristo como Salvador y Señor, tiene acceso a la verdad de Dios.

No es posible que la frase "si en verdad le habéis oído, y habéis sido por él enseñados" (cp. Mt. 17:5) haga referencia a escuchar la voz física de Jesús en la tierra, porque este no pudo haber sido el caso para todos los creyentes en Asia Menor a quienes Pablo estaba escribiendo. Debe referirse a escuchar su llamado espiritual a la salvación (cp. Jn. 8:47; 10:27; Hch. 3:22-23; He. 3:7-8). Muchas referencias del Nuevo Testamento hablan de este escuchar y ser enseñados como el llamado de Dios (p. ej., Hch. 2:39). *En autoi* ("por él") significa en unión con Cristo y recalca el hecho de que en el momento de la conversión recibimos la verdad encarnada en Cristo, porque llegamos a estar en Él y a vivir por Él.

La vida sin Dios conduce al cinismo acerca de la verdad. La persona impía puede hacer la misma pregunta retórica de Pilato:

"¿Qué es la verdad?" (Jn. 18:38), pero sin estar dispuesta a esperar una respuesta satisfactoria. Sin embargo, el cristiano puede decir: "La verdad de Cristo... está en mí" (2 Co. 11:10), y "sabemos que el Hijo de Dios ha venido, y nos ha dado entendimiento para conocer al que es verdadero; y estamos en el verdadero, en su Hijo Jesucristo" (1 Jn. 5:20). Por ende, la verdad que está en Jesús es ante todo la verdad acerca de la salvación. Esta idea va paralela a la de 1:13, donde Pablo dice escuchar la verdad y estar en Él son sinónimos de la conversión: "En él también vosotros, habiendo oído la palabra de verdad, el evangelio de vuestra salvación, y habiendo creído en él, fuisteis sellados con el Espíritu Santo de la promesa". "La verdad... está en Jesús" y conduce a la plenitud de verdad acerca de Dios, el hombre, la creación, la historia, el pecado, la justicia, la gracia, la fe, la salvación, la vida, la muerte, el propósito y significado de la existencia, las relaciones, el cielo, el infierno, el juicio, la eternidad, y todas las demás cosas de importancia y trascendencia.

Juan resumió esta relación con la verdad al escribir: "Pero sabemos que el Hijo de Dios ha venido, y nos ha dado entendimiento para conocer al que es verdadero; y estamos en el verdadero, en su Hijo Jesucristo. Este es el verdadero Dios, y la vida eterna" (1 Jn. 5:20).

Liberado del viejo hombre

En cuanto a la pasada manera de vivir, despojaos del viejo hombre, que está viciado conforme a los deseos engañosos, (4:22)

Para demostrar la naturaleza transformadora de la regeneración, el apóstol procede a describir y definir las realidades inherentes de la verdad que está en Jesús y que sus lectores escucharon y les fue enseñada en su conversión a Dios. Utiliza aquí tres infinitivos en el original griego para resumir lo que ellos escucharon en el llamamiento del evangelio: "despojaos", "renovaos" (v. 23) y "vestíos" (v. 24).

Es importante notar que aquí Pablo no está exhortando a los creyentes a hacer estas cosas. Estos tres infinitivos describen la verdad de la salvación en Jesús y no son imperativos dirigidos a los cristianos. Estas son cosas que ocurren en el momento de la conversión y se mencionan aquí con el único fin de recordar la realidad de esa experiencia.

"Despojaos del viejo hombre" se relaciona con "habéis oído, y habéis sido por él enseñados" en el evangelio (v. 21). También debe advertirse que, a pesar de ser esencial afirmar que la salvación es un milagro divino y soberano aparte de cualquier contribución humana, también debe afirmarse que los hombres sí participan al escuchar y creer el evangelio y al despojarse del viejo hombre mientras son vestidos con el nuevo. El acto de salvación de Dios efectúa tales respuestas en el alma que cree. No se trata de obras humanas requeridas para merecer la salvación divina sino de elementos inherentes de la obra divina de salvación. Los términos de Pablo aquí son básicamente una descripción del arrepentimiento del pecado y el sometimiento a Dios, que se enseñan muchas veces como elementos de la regeneración (véase Is. 55:6-7; Mt. 19:16-22; Hch. 2:38-40; 20:21; 1 Ts. 1:9; y otros).

En contraste a la persona no regenerada que de continuo resiste y rechaza a Dios y vive en la esfera del pecado que domina su vida ("la pasada manera de vivir"), el cristiano ha escuchado y acatado el llamado: "despojaos del viejo hombre". El verbo significa desprenderse o arrancar, como en el caso de prendas o harapos sucios. El tiempo del verbo (aoristo voz media) indica una acción que sucede una vez para siempre y que el creyente realiza en el tiempo de su salvación.

La referencia de Pablo al viejo hombre (viejo en el sentido de desgastado e inservible) es consecuente con la terminología del evangelio en sus otras epístolas. Por ejemplo, Colosenses 3 describe el hecho de la salvación con el uso de cuatro verbos: "Porque *habéis muerto,* y vuestra vida está escondida con Cristo en Dios" (v. 3); *"habéis resucitado"* (v. 1); *"habiéndoos despojado* del viejo hombre" (v. 9); y después de habernos *"revestido* del nuevo, el cual conforme a la imagen del que lo creó se va renovando hasta el conocimiento pleno" (v. 10). Todos esos cuatro verbos se encuentran conjugados en el tiempo aoristo en griego, indicando que se refieren a acciones ya completadas y que, por tanto, deben hacer referencia al mismo acontecimiento pasado de la salvación. En el contexto, "despojaos" y "vestíos" no puede ser otra cosa que un paralelo exacto de "habéis muerto" y "habéis resucitado", que en su contenido son verdades acerca de la salvación.

Afirmar la verdad de estos cuatro aspectos de la conversión es la base para las exhortaciones en el pasaje de Colosenses. Pablo está describiendo la salvación a los colosenses de la manera exacta como lo hace para los efesios. Aunque en Efesios no se refiere específicamente a la unión del creyente en la muerte y resurrección de Cristo, sí alude a esa realidad cuando dice que aquel que cree está "en él". Es obvio que sus referencias al viejo hombre y al nuevo hombre en ambos pasajes son paralelas.

Esta perspectiva se comprueba todavía más con la enseñanza de Pablo en Romanos 6, donde describe la naturaleza de la salvación con énfasis en los verbos: "hemos *muerto* al pecado" (v. 2); "todos... *hemos sido bautizados* en Cristo Jesús" (v. 3); *"somos sepultados juntamente con él* para muerte" (v. 4); "fuimos *plantados juntamente con él* en la semejanza de su muerte" (v. 5); "nuestro viejo hombre *fue crucificado juntamente con él"* (v. 6); "para que el cuerpo del pecado *sea destruido"* (v. 6); *"el que ha muerto"* (v. 7); y *"morimos* con Cristo" (v. 8). Ocho de esos nueve verbos están conjugados en tiempo aoristo en el griego, como una mirada retrospectiva a un suceso ya completado. Uno se encuentra en tiempo perfecto

(v. 5) para mostrar el resultado de ese acontecimiento pasado. De nuevo, Pablo da su exhortación sobre la base de esta descripción de la transformación completa del creyente que tiene lugar en el momento de su conversión (cp. Ro. 6:12-23). La conclusión ineludible de todo lo dicho por Pablo en Romanos y Colosenses es que la salvación es una unión espiritual con Jesucristo en su muerte y resurrección que también puede describirse como la muerte del "viejo hombre" y la resurrección del "nuevo hombre", el cual anda de ahora en adelante en vida nueva (Ro. 6:4). Esta unión y nueva identidad tienen el claro significado de que la salvación es transformación. No se trata de la adición de un nuevo hombre a un viejo hombre. En Cristo, el viejo hombre deja de existir (cp. 2 Co. 5:17). Esto es lo que escucharon y fueron enseñados los efesios de acuerdo a la verdad que está en Jesús (4:21). El viejo hombre es la naturaleza humana antes de su conversión a Dios y que se describe como algo que "está viciado conforme a los deseos engañosos". El viejo hombre del incrédulo no solo es corrupto, sino que se corrompe cada vez más (presente pasivo, "está viciado"), porque es el utensilio para satisfacer los deseos engañosos y malvados de la naturaleza pecadora y está controlado por ellos (cp. 2:1-3). La invitación del evangelio es a despojarnos del viejo hombre en arrepentimiento genuino del pecado, un arrepentimiento que no solo incluye el pesar profundo por el pecado sino en apartarse radicalmente del pecado para volverse a Dios.

Convertirse en el nuevo hombre

y renovaos en el espíritu de vuestra mente, y vestíos del nuevo hombre, creado según Dios en la justicia y santidad de la verdad. (4:23-24)

Como contraste frente a la mente reprobada y depravada de la persona no regenerada (vv. 17-18), el cristiano es renovado de manera continua en el espíritu de [su] mente (cp. Col. 3:10). *Ananeóo* (renovaos) solo aparece aquí en todo el Nuevo Testamento. La mejor traducción de este infinitivo presente pasivo es considerarlo como un modificador del verbo principal que es vestíos, de modo que se leería: "y al ser renovados en el espíritu de vuestra mente, vestíos del nuevo hombre". Esto deja en claro que tal renovación es la consecuencia de haberse despojado del viejo hombre, y es el contexto en que uno puede vestirse del nuevo hombre. La salvación se relaciona con la mente, que es el centro de los pensamientos, el entendimiento y la creencia, así como de todos los motivos y acciones. Un comentarista explica que el espíritu de vuestra mente no pertenece a la esfera del pensamiento o la razón humana, sino a la esfera de la moral, donde tiene lugar esta renovación. John Eadie dice:

> El cambio en la mente no es de tipo psicológico, ni en su esencia ni en su operación; tampoco sucede en la mente como si se tratara de un cambio superficial de opinión en ciertos puntos de doctrina o práctica; por el contrario, tiene lugar en el espíritu de la mente, en aquello que da a la mente tanto sus inclinaciones como la materia prima de sus pensamientos. No solo es en el espíritu como si estuviera en quietud mística y obscura, sino en el espíritu de la mente, en aquel poder que al cambiar en su naturaleza intrínseca, altera de forma radical y completa la esfera de actividad y la ocupación permanente del mecanismo interno.[3]

Cuando una persona se convierte en cristiano, Dios desde un comienzo renueva su mente, dándole una capacidad espiritual y moral por completo nueva, una capacidad que la mente humana más brillante y educada jamás puede alcanzar aparte de Cristo

---

3. John Eadie, *A Commentary on the Greek Text of the Epistle of Paul to the Ephesians* (Londres: Forgotten Books, 2012), p. 351.

(cp. 1 Co. 2:9-16). Esta renovación continúa en el transcurso de la vida del creyente a medida que es obediente a la Palabra y la voluntad de Dios (cp. Ro. 12:1-2). El proceso no es como un logro que se obtiene una sola vez sino que es la obra continua del Espíritu en el hijo de Dios (Tit. 3:5). Nuestros recursos son la Palabra de Dios y la oración. Es a través de estos medios que adquirimos la mente de Cristo (cp. Fil. 2:5; Col. 3:16; 2 Ti. 1:7), y es por medio de esa mente que vivimos la vida de Cristo.

El espíritu renovado de la mente del creyente es una consecuencia directa de vestirse con el nuevo hombre que es la nueva creación, aquel hombre creado según Dios en la justicia y santidad de la verdad. Aquel que antes había permanecido en tinieblas ignorante, endurecido, insensibilizado, esclavo de lo sensual, impuro y engañado por los deseos de la carne, ahora ha sido iluminado, ha sido enseñado en la verdad, es sensible al pecado, puro en todos los aspectos de su vida y generoso. Aunque antes se había caracterizado por la maldad y el pecado, ahora se caracteriza por la justicia y la verdad. En Colosenses 3:12, Pablo llama a los creyentes "escogidos de Dios, santos y amados, de entrañable misericordia, de benignidad, de humildad, de mansedumbre, de paciencia".

Resulta esencial expandir el concepto del nuevo hombre de manera que se entienda en su pleno sentido. La palabra "nuevo" (*kainós*) no significa renovado sino enteramente nuevo, aquello que es nuevo en especie o carácter. El nuevo hombre es nuevo porque ha sido creado según Dios, hecho por completo semejante a Dios. En griego, el significado literal es: "de acuerdo a lo que Dios es"; esta es una declaración fenomenal que expresa la realidad asombrosa de la salvación. Aquellos que confiesan a Jesucristo como Señor, ¡son hechos semejantes a Dios! Pedro dice que nos convertimos en "participantes de la naturaleza divina" (2 P. 1:4).

En Gálatas 2:20, Pablo declara: "ya no vivo yo, mas vive Cristo en mí". La imagen de Dios, que se perdió en Adán, es restaurada de una manera más gloriosa en el segundo Adán, aquel quien es la imagen del Dios invisible (cp. 2 Co. 4:4-6, donde Pablo describe a Cristo como la imagen de Dios y el tesoro divino de valor incalculable que mora en nosotros).

Si los creyentes han recibido la naturaleza divina, es decir, la vida de Cristo y la plena semejanza a Dios en este nuevo hombre por un acto de creación divina (cp. Col. 3:10), es obvio que este debió haber sido creado en la justicia y santidad de la verdad. En el griego, la palabra verdad se coloca al final para establecer un contraste frente a los deseos engañosos del hombre viejo (v. 22), y también se puede traducir: "justicia y santidad verdaderas". Dios no podría crear con menos que esto (véase Lc. 1:75).

"La justicia" tiene que ver con nuestros semejantes y refleja la segunda tabla de la ley (Éx. 20:12-17). "Santidad" (*josiótes*, la observancia sagrada de todos los deberes para con Dios) se relaciona con Dios y refleja la primera tabla (Éx. 20:3-11). Por ende, el creyente posee una naturaleza nueva, una nueva identidad como ser humano e hijo de Dios, una persona nueva en su interior que es santa y justa, apta para la presencia de Dios. Este es el yo más verdadero del creyente.

Es tan justo y santo este nuevo hombre que Pablo rehúsa admitir que cualquier pecado provenga de esa nueva creación en la imagen de Dios. Por eso su lenguaje en Romanos 6-7 es explícito al ubicar la realidad del pecado en algo por completo aparte del nuevo hombre, y dice: "No reine, pues, el pecado en vuestro *cuerpo mortal,* de modo que lo obedezcáis en sus concupiscencias" (6:12), y "tampoco presentéis *vuestros miembros* al pecado como instrumentos de iniquidad" (6:13).

En esos pasajes, Pablo ubica en el cuerpo mortal el pecado que hay en la vida del creyente. En el capítulo 7 lo ve en la carne, y dice al respecto: "De manera que ya no soy yo quien hace aquello, sino el pecado que mora en mí"; "yo sé que en mí, esto es, en mi carne, no mora el bien" (v. 18); "si hago lo que no quiero, ya no lo hago yo, sino el pecado que mora en mí" (v. 20), y "la ley del pecado que está en mis miembros" (v. 23).

En esos textos, Pablo reconoce que ser un nuevo hombre creado a la imagen de Dios no elimina el pecado. Este sigue presente en la carne, el cuerpo, la condición humana no redimida que incluye toda la conducta y la manera de pensar de la persona humana. Sin embargo, él no está dispuesto a permitir que se atribuya responsabilidad al nuevo hombre interior por el pecado. El nuevo "yo" ama y anhela la santidad y justicia para las cuales ha sido creado.

Pablo resume la dicotomía con estas palabras: "Gracias doy a Dios, por Jesucristo Señor nuestro. Así que, yo mismo con la mente [sinónimo aquí del nuevo hombre] sirvo a la ley de Dios, mas con la carne [sinónimo aquí de la condición humana no redimida que está contenida en nuestros cuerpos pecaminosos] a la ley del pecado" (Ro. 7:25). Esta es la lucha que incita la anticipación por "la redención de nuestro cuerpo" descrita en Romanos 8:23 (cp. Fil. 3:20-21).

Somos nuevos, pero todavía no somos *del todo nuevos*. Somos justos y santos, pero todavía no somos *perfectamente* justos y santos. No obstante, el hecho de entender la realidad genuina de nuestra salvación transformadora es esencial si es que vamos a saber cómo vivir como cristianos en el cuerpo de Cristo al cual pertenecemos.

Las porciones restantes de la epístola contienen exhortaciones al creyente para que sujete su cuerpo a obediencia a la voluntad de Dios.

Muchos centros de ayuda a mendigos sin hogar tienen un cuarto de desinfección, donde las personas que viven en la calle y no se han bañado en mucho tiempo se desprenden de toda su vestimenta vieja y son bañados y desinfectados de pies a cabeza. Esa ropa vieja, inservible e irrecuperable es quemada, y a estas personas se les da ropa nueva y limpia, porque al hombre limpio hay que darle ropa limpia.

Esa es una ilustración de la salvación, excepto que en la salvación al nuevo creyente no solo se le da un baño sino una naturaleza totalmente nueva. La necesidad continua de la vida cristiana es seguir siempre desechando y quemando los residuos de la vieja vestimenta del pecado: "ni tampoco presentéis vuestros miembros al pecado como instrumentos de iniquidad", ruega Pablo; "sino presentaos vosotros mismos a Dios como vivos de entre los muertos, y vuestros miembros a Dios como instrumentos de justicia" (Ro. 6:13).

Los numerosos "pues" del Nuevo Testamento por lo general presentan llamamientos y encargos a los creyentes para que vivan como las nuevas criaturas que ya son en Cristo. A causa de nuestra vida nueva, nuestro nuevo Señor, nuestra nueva naturaleza y nuestro nuevo poder, somos, *pues*, llamados a vivir de la manera y con el estilo de vida que corresponden.

—⚬∞⚬—

Capítulo 3

ANDEMOS EN VIDA NUEVA

Romanos 6:1-10

¿Qué, pues, diremos? ¿Perseveraremos en el pecado para que la gracia abunde? En ninguna manera. Porque los que hemos muerto al pecado, ¿cómo viviremos aún en él? ¿O no sabéis que todos los que hemos sido bautizados en Cristo Jesús, hemos sido bautizados en su muerte? Porque somos sepultados juntamente con él para muerte por el bautismo, a fin de que como Cristo resucitó de los muertos por la gloria del Padre, así también nosotros andemos en vida nueva. Porque si fuimos plantados juntamente con él en la semejanza de su muerte, así también lo seremos en la de su resurrección; sabiendo esto, que nuestro viejo hombre fue crucificado juntamente con él, para que el cuerpo del pecado sea destruido, a fin de que no sirvamos más al pecado. Porque el que ha muerto, ha sido justificado del pecado. Y si morimos con Cristo, creemos que también viviremos con él; sabiendo que Cristo, habiendo resucitado de los muertos, ya no muere; la muerte no se enseñorea más de él. Porque en cuanto murió, al pecado murió una vez por todas; mas en cuanto vive, para Dios vive. (6:1-10)

En sus primeros años de adolescencia, John Newton salió huyendo de Inglaterra y se unió a la tripulación de un barco que transportaba esclavos. Algunos años más tarde, él mismo fue entregado como esclavo a la esposa de un traficante de esclavos en África. Fue cruelmente maltratado y vivía de las sobras que quedaban en el plato de la mujer y de los tubérculos silvestres que sacaba de la tierra por las noches. Tras escapar, vivió con un grupo de nativos y, finalmente, se las arregló para convertirse él mismo en un capitán de barco, llevando la vida más profana y licenciosa que se pueda imaginar. Sin embargo, después de su impresionante conversión en 1748, él regresó a Inglaterra y se convirtió en un abnegado e incansable ministro del evangelio en Londres. Dejó para la posteridad muchos himnos que todavía se encuentran entre los más populares en todo el mundo. El más conocido y estimado sigue siendo *Sublime Gracia*. Fue pastor de una iglesia en Inglaterra, en cuyo cementerio hay hasta el día de hoy una lápida con un epitafio que Newton mismo escribió:

> John Newton, clérigo,
> otrora un impío y libertino,
> un siervo de esclavos en África,
> fue, por la rica misericordia de nuestro Señor y Salvador,
> Jesucristo,
> preservado, restaurado, perdonado,
> y llamado a predicar la fe
> que por mucho tiempo quiso destruir.[1]

¿Cómo fue posible que un disoluto tan grande y que se declaró a sí mismo enemigo acérrimo de la fe llegara a poder decir con Pablo: "Doy gracias al que me fortaleció, a Cristo Jesús nuestro Señor, porque me tuvo por fiel, poniéndome en el ministerio, habiendo yo sido antes blasfemo, perseguidor e injuriador; mas fui recibido a misericordia" (1 Ti. 1:12-13)? ¿Cómo pudo ese apóstol dirigirse

---

1. John Newton, *Out of the Depths: An Autobiography* (Chicago: Moody, s.f.), p. 151.

a los creyentes de Corinto como "los santificados en Cristo Jesús, llamados a ser santos" (1 Co. 1:2) y decirles al mismo tiempo: "¿No sabéis que los injustos no heredarán el reino de Dios? No erréis; ni los fornicarios, ni los idólatras, ni los adúlteros, ni los afeminados, ni los que se echan con varones, ni los ladrones, ni los avaros, ni los borrachos, ni los maldicientes, ni los estafadores, heredarán el reino de Dios. *Y esto erais algunos*" (6:9-11a).

Pablo dio la respuesta de inmediato, al recordarles que ya habían "sido justificados en el nombre del Señor Jesús, y por el Espíritu de nuestro Dios" (v. 11b).

Son esas y otras cuestiones similares y cruciales las que Pablo trata en los capítulos 6–8 de Romanos. El apóstol ha terminado una extensa enseñanza sobre el pecado del hombre y su redención por medio de Cristo; él ahora pasa al tema de la santidad del creyente: la vida de justicia que Dios provee para sus hijos, una vida de obediencia a su Palabra que solo puede ser vivida en el poder de su Espíritu.

En su carta a las iglesias de Galacia, Pablo ofrece un breve y bello resumen del principio divino que hace posible la vida transformada y el vivir diario transformado. "Con Cristo estoy juntamente crucificado, y ya no vivo yo, mas vive Cristo en mí; y lo que ahora vivo en la carne, lo vivo en la fe del Hijo de Dios, el cual me amó y se entregó a sí mismo por mí" (Gá. 2:20).

Se espera que el creyente ande en una vida nueva, transformada (Ro 6:4). Pablo presenta tres elementos en su defensa preliminar de cómo el creyente puede tener una vida santa, que encontramos en los primeros diez versículos de Romanos 6: el antagonista (v. 1), la respuesta (v. 2), y el argumento que explica y defiende esa respuesta (vv. 3-10).

El antagonismo

¿Qué, pues, diremos? ¿Perseveraremos en el pecado para que la gracia abunde? (6:1)

Como lo hace con frecuencia, Pablo anticipa las principales objeciones de los que le critican. Mucho antes del tiempo en que escribió esta epístola, él y Bernabé en particular —pero sin duda alguna los demás apóstoles, maestros y profetas también— habían encontrado ya una oposición considerable contra la predicación de la salvación por gracia mediante la sola fe. El típico judío religioso de aquel tiempo no podía comprender el hecho de agradar a Dios aparte de la adherencia estricta a la ley mosaica y rabínica. Para ellos, la conformidad a esa ley era la única manifestación concreta de la piedad y de hecho su encarnación misma.

Algunos piden la circuncisión y la observancia de la ley

Mientras Pablo y Bernabé estaban predicando en Antioquía de Siria, algunos hombres judíos que profesaban tener fe en Cristo vinieron de Judea y "enseñaban a los hermanos: Si no os circuncidáis conforme al rito de Moisés, no podéis ser salvos. Como Pablo y Bernabé tuviesen una discusión y contienda no pequeña con ellos, se dispuso que subiesen Pablo y Bernabé a Jerusalén, y algunos otros de ellos, a los apóstoles y los ancianos, para tratar esta cuestión" (Hch. 15:1-2). Cuando los dos hombres llegaron a Jerusalén, otros judíos que afirmaban ser cristianos, un grupo de fariseos legalistas, también se opusieron a su enseñanza diciendo: "Es necesario circuncidarlos [gentiles convertidos], y mandarles que guarden la ley de Moisés" (Hch. 15:5).

Durante el concilio de Jerusalén que siguió a continuación, Pedro declaró con denuedo que Dios "ninguna diferencia hizo entre nosotros [los judíos] y ellos [los gentiles], purificando por la fe sus corazones. Ahora, pues, ¿por qué tentáis a Dios, poniendo sobre la cerviz de los discípulos un yugo que ni nuestros padres ni nosotros hemos podido llevar? Antes creemos que por la gracia del Señor Jesús seremos salvos, de igual modo que ellos" (Hch. 15:9-11). Después de algunos comentarios adicionales por parte de Pablo y

Bernabé y un excelente resumen de Santiago, el concilio acordó por unanimidad que la obediencia a la ley de Moisés no contribuye en nada a la salvación y no debe ser impuesta por la fuerza sobre cualquier creyente, gentil e incluso judío (véase vv. 12-29).

Algunos años más tarde, tras regresar a Jerusalén después de haber recolectado ofrendas provenientes de iglesias gentiles principalmente a favor de los creyentes necesitados en Judea, Pablo procuró hacer conciliación entre los creyentes judíos inmaduros, al tiempo que acallar la oposición por parte de judíos incrédulos, y lo hizo yendo al templo para hacer un voto. Cuando algunos judíos incrédulos de Asia le vieron en el templo, tuvieron la falsa suposición de que él había profanado el templo introduciendo a gentiles en el área restringida. Estuvieron a punto de formar un tumulto de grandes proporciones en la ciudad cuando exclamaron: "¡Varones israelitas, ayudad! Este es el hombre que por todas partes enseña a todos contra el pueblo, la ley y este lugar; y además de esto, ha metido a griegos en el templo, y ha profanado este santo lugar" (Hch. 21:28).

Otros celebraban su pecado en el nombre de la gracia

Pablo también sabía que en el extremo opuesto, algunos creyentes interpretarían mal la afirmación que hizo en el sentido de que "cuando el pecado abundó, sobreabundó la gracia" (Ro. 5:20). En su necedad, ellos le acusarían de enseñar que el pecado en sí mismo glorifica a Dios al hacer que se incremente su gracia. Si eso fuera cierto, razonaban ellos, entonces los hombres no solamente son libres para pecar, sino que tienen la *obligación* de hacerlo a fin de permitir que Dios expanda su gracia. Si la salvación es por completo de Dios y por completo de la gracia, y si Dios es glorificado con la dispensación de la gracia, el corazón pecaminoso puede estar inclinado a razonar de esta manera: "A mayor pecado, mayor gracia; por ende, los hombres deberían dedicarse a pecar libremente y sin restricciones". O como otros lo plantearían: "Si Dios se deleita en justificar al impío, como lo afirma claramente Romanos 4:5, entonces la doctrina de la gracia pone un incentivo a la impiedad, porque le da a Dios más oportunidad para demostrar su gracia".

Esa es exactamente la interpretación pervertida enseñada por el infame Rasputín, consejero religioso de la familia Romanov que gobernó en Rusia a finales del siglo diecinueve y principios del veinte. Él enseñó y ejemplificó la perspectiva antinomiana de la salvación por medio de reiteradas experiencias de pecado y falso arrepentimiento. Él creía que cuanto más peca una persona, más gracia puede darle Dios; así que cuanto más pequemos sin restricciones, más oportunidades le estamos dando a Dios para que se glorifique. Rasputín declaraba que si uno no pasa de ser un pecador ordinario, no le está dando a Dios la oportunidad de mostrar su gloria, de modo que se hace necesario convertirse en un pecador *extraordinario*.

Pablo ya había tenido que enfrentar una acusación hipotética similar: "Si nuestra injusticia hace resaltar la justicia de Dios, ¿qué diremos? ¿Será injusto Dios que da castigo? (Hablo como hombre.)". El apóstol responde su propia pregunta con la expresión enfática: "En ninguna manera; de otro modo, ¿cómo juzgaría Dios al mundo?" (Ro. 3:5-6). Luego procede a condenar rotundamente a quienes enseñan la depravada idea de que "Hagamos males para que vengan bienes" (v. 8).

Los judíos legalistas estaban listos para acusar al apóstol de esa clase de *antinomianismo*, de contradecir las leyes de Dios y defendiendo la licencia moral y espiritual para hacer lo que al individuo le plazca, suponiendo que puede justificarse con el argumento de que esa clase de vida en realidad glorifica a Dios. Aquellos opositores tenían especialmente una gran dificultad para aceptar la idea de obtener la salvación con base en la fe solamente, aparte de cualquier obra humana. Añadir a esa doctrina la idea de que el pecado incrementado de alguna manera incrementa la gracia de Dios, equivaldría a agravar un anatema con otro anatema todavía peor.

Sin embargo, al tratar ellos de proteger la fe de ese peligro, terminaron introduciendo otro peligro: la idea de que la salvación, así como la espiritualidad —incluso para los creyentes en Cristo— es producida por una conformidad rigurosa a la ley externa.

Evitar los extremos del legalismo y del libertinaje

A través de la historia de la Iglesia, algunos grupos cristianos han caído en la misma clase de error, insistiendo en que es necesaria la conformidad a incontables regulaciones y ceremonias de creación humana para una piedad verdadera. Bien sea en la forma de ritualismo extremo o de códigos de conducta estrictamente prescritos, los hombres han creído que pueden proteger y reforzar el evangelio puro de la gracia que obra mediante la sola fe, añadiendo requisitos legalistas de su propia invención.

La Iglesia también ha estado siempre en peligro de contaminación por parte de creyentes falsos que abusan perversamente de la libertad del evangelio utilizándola como una justificación para el pecado. Como Judas declaró: "Porque algunos hombres han entrado encubiertamente, los que desde antes habían sido destinados para esta condenación, hombres impíos, que convierten en libertinaje la gracia de nuestro Dios, y niegan a Dios el único soberano, y a nuestro Señor Jesucristo" (Jud. 4).

Aquí Pablo le propina un golpe letal a esa clase de antinomianismo, pero lo hace sin ceder ni una pizca de terreno a quienes estarían dispuestos a negar que la gracia de Dios es suficiente para la salvación. Bajo el liderazgo del Espíritu Santo, el apóstol evitó caer en el extremo del legalismo por un lado, y en el extremo del libertinaje por el otro. Él no abandonó la gracia de Dios para acomodar a los legalistas, ni abandonó la justicia de Dios para acomodar a los libertinos.

Como las Escrituras enseñan claramente en todas sus páginas desde Génesis hasta Apocalipsis, una relación de salvación con Dios está ligada de manera inalterable con un estilo de vida santo, y una vida santa es vivida por el poder de Dios que obra en y a través del corazón del creyente verdadero. En el acto redentor de Dios dentro del corazón de una persona, la santidad verdadera es un don de Dios tanto como lo es el nuevo nacimiento y la vida espiritual que este trae. La vida que no está básicamente marcada por la santidad no puede pretender que posee la salvación. Es cierto que ningún creyente será libre de pecado hasta que vaya a estar con el Señor por medio de la muerte o del arrebatamiento, pero un creyente profeso que desatiende persistentemente el señorío de Cristo y sus estándares de justicia con su desobediencia, no tiene argumentos para afirmar que ha sido salvado por Cristo. Esa es la verdad cardinal del evangelio que Pablo defiende enérgicamente en Romanos 6—7.

En vista del antinomianismo tan generalizado que cunde en nuestros días, no hay una verdad más importante que los creyentes deban entender, que la conexión inseparable entre la justificación y la santificación como componentes de la salvación, entre la vida nueva en Cristo y el hecho de vivir esa vida en la santidad que Cristo exige y provee. Con sus enseñanzas no bíblicas de creencia fácil y los estilos de vida mundanos tanto de líderes como de miembros, muchas iglesias que enarbolan las banderas del cristianismo evangélico dan muy pocas evidencias de redención o de santidad, las cuales acompañan necesariamente a la gracia salvadora.

"¿Qué, pues, diremos frente a esas afirmaciones tan necias?", pregunta el apóstol, añadiendo retóricamente: "¿Perseveraremos en el pecado para que la gracia abunde?". *Epiméno* ("perseveraremos") alude al concepto de una persistencia habitual. Se empleaba en ocasiones para referirse al hecho de que una persona se proponga vivir en cierto lugar y establecer allí su residencia permanente.

Es la palabra que Juan empleó para aludir a los líderes judíos que persistían en tratar de inducir a Jesús a que contradijera la ley de Moisés (Jn. 8:7).

Pablo no está hablando de la caída ocasional de un creyente en el pecado, como le sucede a veces a todo cristiano debido a la debilidad y la imperfección de la carne. Él estaba hablando de pecar intencional y voluntariamente como un patrón de vida establecido. Antes de la salvación, el pecado *no puede* ser más que el estilo de vida establecido de una persona, debido a que, en el mejor de los casos, mancha de alguna manera todo lo que hace la persona no redimida; pero el creyente, el cual tiene una vida nueva y es habitado por el Espíritu de Dios mismo, no tiene excusa alguna para perseverar de manera habitual en el pecado. ¿Acaso es posible que pueda vivir en la misma relación de sometimiento al pecado que tenía antes de la salvación? Planteado en términos teológicos, ¿en verdad puede existir la justificación aparte de la santificación? ¿Puede una persona recibir una vida nueva y continuar en su vieja manera de vivir? ¿La transacción divina de la redención no ejerce un poder continuo y sustentador en aquellos que son redimidos? En otras palabras, ¿puede una persona que persiste en vivir como un hijo del diablo, verdaderamente haber nacido de nuevo como un hijo de Dios? Muchos dicen que sí. Pablo dice "no", como lo afirma de manera enfática en el versículo 2.

La respuesta

En ninguna manera. Porque los que hemos muerto al pecado, ¿cómo viviremos aún en él? (6:2)

Respondiendo de forma inmediata a su propia pregunta, Pablo exclama con obvia consternación: "En ninguna manera". *Me genoito* también se puede traducir literalmente: "¡Esto no puede ser jamás!", y era la locución más enérgica de negación y rechazo

79

en el griego del Nuevo Testamento. Solo en las cartas de Pablo se emplea unas catorce veces. El apóstol ya la ha usado tres veces en el capítulo 3 de Romanos (vv. 4, 6, 31) y la incluirá otras seis veces antes de concluir (véase 6:15; 7:7, 13; 9:14; 11:1, 11). Transmite cierto sentido de enardecimiento frente al hecho de que pueda pensarse que una idea de esta clase sea cierta.

La sugerencia misma de que el pecado podría, de alguna manera concebible y viable agradar y glorificar a Dios, era completamente aborrecible para Pablo. Su falsedad es casi evidente en sí misma y por eso no tiene dignidad suficiente para recibir una refutación detallada. Lo único que merece es la más firme condenación.

Una pregunta retórica llamativa

No obstante, para evitar que sus lectores pensaran que estaba evadiendo un problema difícil, el apóstol pareciera estar diciendo a voz en cuello por qué la idea de que el pecado trae gloria a Dios es del todo repugnante y disparatada. En este punto, él no responde con un argumento cuidadosamente elaborado y razonado, sino con una pregunta breve y llamativa: "Porque los que hemos muerto al pecado, ¿cómo viviremos aún en él?".

Pablo no reconoce la más mínima credibilidad o mérito en la aserción de sus antagonistas. En este caso no presenta argumentos para la verdad, simplemente la declara. La persona que está viva en Cristo ha muerto al pecado, y es inconcebible y contradictorio proponer que un creyente pueda de allí en adelante vivir en el pecado del cual fue libertada por la muerte. La gracia de Dios es dada con el propósito mismo de salvar del pecado, y únicamente la mente más corrupta haciendo uso de la lógica más pervertida podría argumentar que continuar en el pecado del cual supuestamente se ha salvado, de alguna forma honra al Dios santo que sacrificó a su Hijo unigénito para liberar a los hombres y mujeres de toda injusticia.

Debe admitirse por razón simple que la persona que ha muerto a una clase de vida no puede vivir aún en ella. El apóstol Pablo no quería decir que la condición presente del creyente consista en morir al pecado a diario, sino que está hablando acerca de un acto pasado (*apothnesko,* segundo aoristo activo) que consiste en estar ya muerto al pecado. Pablo está diciendo que es imposible que un cristiano permanezca en un estado *constante* de pecaminosidad. El acto en este sentido tiene lugar una sola vez para siempre. De nuevo, una persona por definición no muere de manera continua. Si su muerte es real, es porque es permanente. No es posible en absoluto que las personas que en verdad hemos muerto al pecado sigamos viviendo aún en él. Tanto en el dominio espiritual como en el físico, la vida y la muerte son absolutamente incompatibles. Tanto lógica como teológicamente, por lo tanto, la vida espiritual no puede coexistir con la muerte espiritual. La idea de que un cristiano puede continuar viviendo habitualmente en el pecado no solamente es ajena a la Biblia sino a la lógica racional. Obviamente, los cristianos son capaces de cometer muchos de los pecados que cometían antes de la salvación, pero *no* están en capacidad de vivir de manera perpetua en esos pecados como lo hicieron antes: "Todo aquel que es nacido de Dios, practica el pecado", declara Juan, "porque la simiente de Dios permanece en él; y no puede pecar, porque es nacido de Dios" (1 Jn. 3:9). No se trata simplemente de que los cristianos *no deben* continuar viviendo en el dominio y la dimensión del pecado, sino que *no pueden* hacerlo.

El apóstol no es ambiguo con respecto a la superabundancia de la gracia de Dios, pero resulta obvio que la verdad, según la cual "cuando el pecado abundó, sobreabundó la gracia" (5:20b), se concentra en, y magnifica, la gracia de Dios, no el pecado del hombre. Con la misma se está declarando que ningún pecado es demasiado grande para que Dios lo perdone y que inclusive los pecados colectivos de toda la humanidad durante todos los tiempos, pasado, presente y futuro, han quedado cubiertos más que suficiente por la inmensurable abundancia de la gracia de Dios que fue activada con la expiación.

Lo que continúa sin interrupción: la obra divina de la redención de Dios

Pablo prosigue a declarar de forma igualmente inequívoca que una vida justificada auténtica *es* y *continúa siendo* una vida santificada. Para fines de establecer una teología sistemática y hacer la obra de redención de Dios un poco más comprensible para mentes humanas finitas, nosotros hablamos con frecuencia de la santificación como un proceso que sigue a la justificación. Por supuesto, en cierto sentido es así porque la justificación incluye algo que se llama a veces una declaración judicial o legal de justicia, la cual se caracteriza por ser inmediata, completa y eterna; pero la justificación y la santificación no constituyen fases separadas de la salvación; más bien corresponden a aspectos diferentes del todo continuo e ininterrumpido de la obra divina de redención que Dios realiza en la vida de un creyente, una obra mediante la cual Él no solamente declara justa a una persona sino que la crea de nuevo para que viva en justicia y llegue a ser perfectamente justa. La santidad es una obra de Dios en el creyente tanto como cualquier otro elemento de la redención. Cuando un ser humano es redimido, Dios no solamente le declara justo, sino que también empieza a implantar y desarrollar la justicia de Cristo en él. De este modo, la salvación no es una mera transacción legal, sino que trae como resultado inevitable un milagro de transformación.

Crecer en la vida cristiana siempre es un proceso que no será perfeccionado sino "hasta el día de Jesucristo" (Fil. 1:6), pero no existe tal cosa como una persona que se convierta verdaderamente a Cristo, y a quien se aplique la justificación del todo pero cuya santificación, tanto judicial como práctica, no haya empezado todavía. En otras palabras, *nunca* existe un partimiento entre la justificación y la santificación. No obstante, *sí* se da siempre de forma inevitable una separación total y permanente entre el viejo hombre y el nuevo hombre. En Cristo, el viejo hombre ha quedado convertido en un cadáver; y por definición propia, un cadáver no tiene en sí el más mínimo rastro de vida.

El viejo hombre es la persona no regenerada. No es en parte justo y en parte pecador, sino totalmente pecador y sin el más mínimo potencial *en sí mismo* para llegar a ser justo y agradable a Dios. El nuevo hombre, por otra parte, es la persona regenerada. Ha sido hecho agradable para Dios por medio de Jesucristo y su nueva naturaleza es *enteramente piadosa y justa*. Todavía no ha sido perfeccionado ni glorificado, pero ya *está* vivo espiritualmente y la santidad se encuentra obrando en su vida. El nuevo hombre *continuará* creciendo en esa santidad, sin importar cuán lenta o desigualmente lo haga, puesto que por su propia naturaleza, la vida crece. El doctor Donald Grey Barnhouse escribió: "La santidad empieza donde la justificación termina, y si la santidad no empieza, tenemos derecho a sospechar que la justificación nunca empezó tampoco".[2]

Por lo tanto, sencillamente no existe tal cosa como una justificación sin santificación. No existe ninguna vida divina sin un vivir divino diario. La persona salva en verdad vive una vida nueva y piadosa en un campo nuevo y piadoso de existencia. Ahora y para siempre vive en el reino de la gracia y la justicia de Dios y nunca más puede vivir otra vez en el imperio de pecado y egocentrismo de Satanás. Así como al hombre pecador y no regenerado le resulta imposible impedir la manifestación de lo que es verdaderamente, también ocurre lo mismo con el hombre regenerado.

---

2. Donald Grey Barnhouse, *Romans*, vol. 3 (Grand Rapids: Eerdmans, 1961), 2:12.

De nuevo, la salvación no es únicamente una transacción sino una transformación, no solamente algo jurídico sino algo real y concreto. Cristo murió no solo por las cosas que hicimos sino por lo que somos. Pablo dice a los creyentes: "Vuestra vida está escondida con Cristo en Dios" (Col. 3:3). Aún de manera más explícita él declara que "si alguno está en Cristo, nueva criatura es; las cosas viejas pasaron; he aquí todas son hechas nuevas" (2 Co. 5:17).

De manera que la frase "muerto al pecado" expresa la premisa fundamental de todo este capítulo en Romanos, y el resto del capítulo es, en esencia, un desarrollo detallado de esa realidad fundamental. Es imposible estar vivos en Cristo y también estar vivos para el pecado. No es que el creyente en cualquier momento antes de ir a estar con Cristo esté totalmente sin pecado, sino que a partir del momento en que nace de nuevo queda totalmente separado del poder controlador del pecado, la vida de pecado de la que fue libertado por la muerte de Cristo. El sentido en que este hecho crucial es verdadero se desarrolla por completo en el texto subsiguiente.

EL ARGUMENTO

¿O no sabéis que todos los que hemos sido bautizados en Cristo Jesús, hemos sido bautizados en su muerte? Porque somos sepultados juntamente con él para muerte por el bautismo, a fin de que como Cristo resucitó de los muertos por la gloria del Padre, así también nosotros andemos en vida nueva. Porque si fuimos plantados juntamente con él en la semejanza de su muerte, así también lo seremos en la de su resurrección; sabiendo esto, que nuestro viejo hombre fue crucificado juntamente con él, para que el cuerpo del pecado sea destruido, a fin de que no sirvamos más al pecado. Porque el que ha muerto, ha sido justificado del pecado. Y si morimos con Cristo, creemos que también viviremos con él; sabiendo que Cristo, habiendo

resucitado de los muertos, ya no muere; la muerte no se enseñorea más de él. Porque en cuanto murió, al pecado murió una vez por todas; mas en cuanto vive, para Dios vive. (6:3-10)

Al parecer, la idea de que un creyente puede glorificar a Dios si continúa en el pecado se había divulgado en la iglesia en Roma y en otros lugares, de lo contrario Pablo no le habría dedicado tanta atención. En una serie de cuatro principios lógicos y secuenciales, él razona a partir del punto básico que estableció en el versículo 2, en el sentido de que una persona que ha muerto al pecado no puede continuar viviendo en él.

Somos bautizados en Cristo

¿O no sabéis que todos los que hemos sido bautizados en Cristo Jesús, (6:3a)

El primer principio es que todos los cristianos verdaderos hemos sido bautizados en Cristo Jesús.

Cuando Juan el Bautista bautizó en agua para arrepentimiento de pecado, la obvia y clara intención era volverse a la justicia. Al recibir el bautismo de Juan, el creyente renunciaba a su pecado y, a través de esa purificación simbólica, se identificaba de allí en adelante con el Mesías y su justicia. El bautismo representaba de una manera única esa identificación.

Kenneth S. Wuest define este uso particular de *baptizo* (ser bautizados) como "la introducción o colocación de una persona o cosa en un nuevo ambiente o en unión con algo diferente al punto de alterar su condición o su relación con el ambiente o condición previos".[3]

En su primera carta a los corintios, Pablo habló de que el pueblo

---

3. Kenneth S. Wuest, *Romans in the Greek New Testament* (Grand Rapids: Eerdmans, 1955), pp. 96-97.

de Israel fue bautizado en Moisés (1 Co. 10:2), para simbolizar la identidad o solidaridad del pueblo con Moisés como vocero de Dios y líder designado por Él, así como el hecho de que ellos se colocaron bajo su autoridad. Mediante esa identidad y sumisión, ellos participaron en el liderazgo y las consecuentes bendiciones y la honra de Moisés. Por así decirlo, el israelita fiel estaba fusionado con Moisés, quien a su vez estaba fusionado con Dios. De una manera similar pero infinitamente más profunda y permanente, todos nosotros, es decir, todos los cristianos, "hemos sido bautizados en Cristo Jesús", hemos quedado inmersos en Él permanentemente y de ese modo hemos llegado a ser uno con Él. Debe advertirse aquí que el término griego, así como el concepto que transmite, requieren que el bautismo en agua sea por inmersión, a fin de simbolizar adecuadamente esta realidad.

En otros pasajes, Pablo afirmó la importancia del bautismo en agua como obediencia al mandato directo del Señor (véase 1 Co. 1:13-17 y Ef. 4:5), pero esa es únicamente la señal externa del bautismo al que hace referencia aquí. Él está hablando en sentido metafórico de la inmersión espiritual de los creyentes en Cristo a través del Espíritu Santo, de la unidad íntima del creyente con su divino Señor. Es la verdad de la cual Jesús habló cuando dijo: "he aquí yo estoy con vosotros todos los días, hasta el fin del mundo" (Mt. 28:20), y que Juan describe como "nuestra comunión... con el Padre, y con su Hijo Jesucristo" (1 Jn. 1:3). En 1 Corintios, Pablo habla de esto como una realidad en la que el creyente es un espíritu con el Señor (1 Co. 6:17), y el apóstol explica a los creyentes de Galacia que "todos los que habéis sido bautizados en Cristo, de Cristo estáis revestidos" (Gá. 3:27). En cada instancia, la idea es ser totalmente cubierto por Cristo y unido con Él.

Es a la luz de esa verdad incomprensible que Pablo reprueba con tanta vehemencia la inmoralidad sexual de algunos de los creyentes corintios, exclamando casi con incredulidad: "¿No sabéis que vuestros cuerpos son miembros de Cristo? ¿Quitaré, pues, los miembros de Cristo y los haré miembros de una ramera? De ningún modo" (1 Co. 6:15).

Como se indicó anteriormente, la salvación no solamente consiste en que Dios cuenta al pecador como justo, sino que le *otorga* una nueva disposición o naturaleza justa. La justicia del creyente en Cristo es una realidad tanto terrenal como celestial, o de otra forma no es una realidad en absoluto. Su nueva vida es una vida divina. Esa es la razón por la que resulta imposible que un creyente verdadero continúe viviendo en el mismo estilo de vida pecaminoso que vivió antes de ser salvo.

Muchos interpretan el argumento de Pablo en Romanos 6:3-10 como si fuera una referencia al bautismo en agua. Sin embargo, Pablo simplemente está utilizando la analogía física del bautismo en agua para enseñar la realidad espiritual de la unión del creyente con Cristo. El bautismo en agua es la identificación externa de una realidad interna que consiste en la fe en la muerte y resurrección de Jesús. Pablo no estaba defendiendo la salvación por el bautismo en agua, eso sería una contradicción frente a todo lo que acaba de decir en Romanos 3–5 sobre la salvación por gracia y no por obras, en los que además ni siquiera se menciona el bautismo en agua.

El bautismo en agua era una señal pública de fe en Dios. El apóstol Pedro dijo que el bautismo es una marca de la salvación porque da evidencia externa de una fe interna en Cristo (1 P. 3:21). Tito dice lo mismo: "Pero cuando se manifestó la bondad de Dios nuestro Salvador, y su amor para con los hombres, nos salvó, no por obras de justicia que nosotros hubiéramos hecho, sino por su misericordia, por el lavamiento de la regeneración y por la renovación en el Espíritu Santo" (Tit. 3:4-5). Pablo dice en Hechos 22:16: "Ahora, pues, ¿por qué te detienes? Levántate y bautízate, y lava tus pecados, invocando su nombre". Esos versículos no están diciendo que una persona se salve con el agua, sino que el bautismo en agua es un símbolo de fe salvadora genuina. Los creyentes romanos estaban muy al tanto del símbolo del bautismo. Cuando Pablo dice no sabéis, en efecto está diciendo: "¿Acaso ustedes ignoran el significado de su propio bautismo? ¿Han olvidado qué simbolizó su bautismo?". Ellos no sabían que el bautismo en agua simboliza la realidad de ser inmersos en Jesucristo. La tragedia es que muchos confunden el símbolo del bautismo en agua creyendo que es el medio de la salvación y no su demostración externa. Convertir un símbolo en la realidad de lo que representa equivale a eliminar la realidad que, en este caso, es la salvación por gracia por medio de la fe en Cristo solamente.

Somos identificados en la muerte y resurrección de Cristo

...hemos sido bautizados en su muerte? Porque somos sepultados juntamente con él para muerte por el bautismo, a fin de que como Cristo resucitó de los muertos por la gloria del Padre, así también nosotros andemos en vida nueva. Porque si fuimos plantados juntamente con él en la semejanza de su muerte, así también lo seremos en la de su resurrección; (6:3b-5)

El segundo principio que Pablo destaca es una extensión del primero. Todos los cristianos no solamente están identificados con Cristo sino que se identifican con Él de manera específica en su muerte y resurrección.

El elemento inicial del segundo principio es que todos los creyentes verdaderos "hemos sido bautizados en su muerte". La muerte de Cristo es un hecho histórico que nos hace volver la mirada a la unión que tenemos con Él en la cruz, y la razón por la que somos sepultados juntamente con él para muerte por el bautismo, "a fin de que como Cristo resucitó de los muertos por la gloria del Padre, así también nosotros andemos en vida nueva".

Ese es un hecho histórico que nos lleva a considerar nuestra unión con Él en la resurrección.

Esa verdad es demasiado maravillosa como para que nosotros la entendamos plenamente, pero la realidad básica y obvia a que corresponde es que nosotros morimos con Cristo a fin de que podamos tener vida a través de Él y vivir como Él. Pablo hace énfasis otra vez, no tanto en la inmoralidad sino en la imposibilidad de que sigamos viviendo de la manera en que lo hicimos antes de ser salvados. Al confiar en Jesucristo como Señor y Salvador, nosotros fuimos llevados, por un milagro divino inexplicable, dos mil años atrás en la historia, por así decirlo, y se nos hizo participar en la muerte de nuestro Salvador y que fuéramos sepultados juntamente con él, lo cual constituye una prueba irrefutable de muerte. El propósito de ese acto divino de hacernos pasar por la muerte (con la cual se pagó el castigo por nuestro pecado) y la resurrección con Cristo consistió en darnos la capacidad de ahí en adelante para que andemos en vida nueva.

El noble teólogo Charles Hodge lo resumió así: "No puede haber participación en la vida de Cristo sin una participación en su muerte, y no podemos disfrutar los beneficios de su muerte a no ser que seamos partícipes del poder de su vida. Debemos ser reconciliados con Dios a fin de ser santos, y no podemos ser reconciliados sin ser santos como consecuencia de ello".[4]

Así como la resurrección de Cristo fue la consecuencia cierta de su muerte como el sacrificio por nuestro pecado, también la vida santa del creyente en Cristo es la consecuencia cierta de su muerte al pecado en Cristo.

"Nueva" es la traducción de *kairós,* que se refiere a una novedad de cualidad y de carácter, no *néos* que se refiere meramente a algo novedoso en un momento en el tiempo. Así como el pecado

---

4. Charles Hodge, *Commentary on the Epistle to the Romans* (Grand Rapids: Eerdmans, s.f.), p. 195.

caracterizó nuestra vida vieja, la justicia caracteriza ahora nuestra vida nueva. La Biblia está llena de descripciones de la nueva vida espiritual del creyente. Dice que nosotros recibimos un corazón nuevo (Ez. 36:26), un nuevo espíritu (Ez. 18:31), una canción nueva (Sal. 40:3), y un nombre nuevo (Ap. 2:17). Somos llamados nuevas criaturas (2 Co. 5:17), nueva creación (Gá. 6:15), y nuevo hombre (Ef. 4:24).

Para continuar afirmando la verdad de que esta unión con Cristo en su muerte trae vida nueva y de forma inevitable también una nueva manera de vivir, Pablo dice: "Porque si fuimos plantados juntamente con él en la semejanza de su muerte, así también lo seremos en la de su resurrección" (v. 5). En otras palabras, tan pronto murió una vida vieja, necesariamente nació una vida nueva.

El obispo Handley Maule declaró en términos gráficos:

Nosotros hemos "recibido la reconciliación" para que ahora podamos andar, no alejados de Dios como si hubiéramos salido de una prisión, sino con Dios, como sus hijos en su Hijo. Puesto que somos justificados, hemos de ser santos, separados del pecado, apartados para Dios; no como una mera indicación de que nuestra fe es real, y que por lo tanto estamos seguros legalmente, sino porque somos justificados para este mismo propósito, que podamos ser santos...

Las uvas que hay en una vid no son meras señales vivientes de que la planta es una vid y que está con vida; son el producto por el cual existe la vid. Algo que no debe pensarse es que el pecador acepte la salvación y después viva para él mismo. Es una contradicción moral del tipo más grave y profundo, y no puede sostenerse sin traicionar un error inicial en todo el credo espiritual del hombre.[5]

---

5. Handley Moule, *The Epistle to the Romans* (Londres: Picketing & Inglis, s.f.), pp. 160-61.

Nuestro cuerpo de pecado ha sido destruido

sabiendo esto, que nuestro viejo hombre fue crucificado juntamente con él, para que el cuerpo del pecado sea destruido, a fin de que no sirvamos más al pecado. Porque el que ha muerto, ha sido justificado del pecado. (6:6-7)

El tercer principio que Pablo subraya es que el viejo hombre de pecado ha sido eliminado. La frase "sabiendo esto" es obviamente una apelación a lo que debería ser conocimiento común entre los creyentes, aquellos a quienes y acerca de los cuales está hablando Pablo. "Ustedes deberían ser muy conscientes", les estaba diciendo, "de que en Cristo ustedes no son la misma clase de gente que eran antes de la salvación. Ustedes tienen una vida nueva, un nuevo corazón, una nueva fortaleza espiritual, una nueva esperanza, y muchas otras cosas nuevas que no existían en su vida antigua". Cuando Cristo nos redimió, nuestro "viejo hombre fue crucificado", es decir, fue sometido a muerte y destruido por completo.

En este caso, "viejo" no es la traducción del término *arjaíos* que simplemente hace referencia a edad cronológica, sino de *palaiós,* que se refiere a algo desgastado por completo e inútil, algo que solamente sirve para ser echado fuera en el montón de desechos y que para todos los fines prácticos es destruido. En un pasaje de Colosenses citado anteriormente, Pablo declara "Con Cristo estoy juntamente crucificado", es decir, "mi viejo yo" está muerto y ya no existe, "y ya no vivo yo, mas vive Cristo en mí" (Gá. 2:20). En otras palabras, nuestra nueva vida como cristianos no es una vida vieja reestrenada, sino una vida nueva otorgada por Dios que es la vida misma de Cristo.

Cuando se comparan Escrituras con Escrituras, como debe hacerse en todo estudio responsable de ellas, queda claro que el "viejo hombre" al que Pablo se refiere en Romanos 6 no es otro que el hombre no regenerado y descendiente de Adán que se describió en el capítulo 5, la persona que está apartada de la redención divina y de la vida nueva que trae.

La visión dualista según la cual un cristiano posee dos naturalezas hace uso de terminología no bíblica y puede llevar a una percepción que es destructiva en extremo del vivir en santidad. Algunos que sostienen esas opiniones llegan al extremo corrompido en que cayeron los gnósticos en tiempo de Pablo, afirmando que debido a que el mal no puede ser controlado o alterado y puesto que de todas maneras va a ser destruido en el futuro lejano, no importa mucho lo que se le permita hacer. Son únicamente las cosas "espirituales", tales como los pensamientos y las intenciones, las que son de verdadera importancia. No es de sorprenderse que en congregaciones donde impera esa filosofía, sea común la conducta inmoral entre los miembros y los líderes, y en general inexistente la disciplina eclesiástica.

Pablo asevera que los cristianos bien instruidos saben que esa visión pervertida de la libertad cristiana es falsa y destructiva, y que debería ser condenada sin reservas en la iglesia. En Romanos 6:6, Pablo menciona tres verdades maravillosas que deberían proteger a los creyentes de aceptar semejantes opiniones falsas sobre la vieja y la nueva naturalezas.

La primera verdad es que "nuestro viejo hombre fue crucificado juntamente con él", es decir, con Cristo. La crucifixión no solamente produce sufrimiento en extremo; produce la muerte. Ser crucificado equivale a morir. El viejo hombre de cada creyente fue crucificado juntamente con su Señor, o de otra forma no ha sido salvo.

En Efesios, Pablo escribe algunos detalles acerca del "viejo hombre". Él dice a los creyentes: "Mas vosotros no habéis aprendido así a Cristo, si en verdad le habéis oído, y habéis sido por él enseñados, conforme a la verdad que está en Jesús. En cuanto a la pasada manera de vivir, despojaos del viejo hombre, que está viciado conforme a los deseos engañosos, y renovaos en el espíritu de vuestra mente, y vestíos del nuevo hombre, creado según Dios en la justicia y santidad de la verdad" (Ef. 4:20-24). ¡El *nuevo hombre* del cristiano ha sido creado conforme a la imagen y semejanza de Dios mismo!

Como John Murray y otros estudiosos del Nuevo Testamento han señalado, las expresiones "despojaos" (v. 22) y "vestíos" (v. 24) traducen infinitivos griegos que en este contexto deben traducirse como infinitivos de resultado. En otras palabras, Pablo no está dando una amonestación o un mandato, sino que más bien está haciendo la afirmación de un hecho que ya se ha realizado y completado. Murray traduce el versículo 22 de esta manera: "Por esa razón ya os habéis despojado del viejo hombre y su pasada manera de vivir".[6]

Otro erudito, el obispo Handley Moule, tradujo ese versículo de esta manera: "Nuestro viejo hombre, nuestra vieja condición, la cual estaba fuera de Cristo y bajo el mando de Adán, bajo culpa y yugo moral, fue crucificado con Cristo".[7] Otro expositor y comentarista, el finado Martyn Lloyd-Jones lo tradujo: "No sigan viviendo como si todavía fueran ese viejo hombre, porque ese viejo hombre ha muerto. No sigan viviendo como si todavía estuviera allí".[8]

Aun si el versículo 22 es tomado como un mandato, no se trataría de un mandato para rechazar los dictados de nuestro viejo yo, acerca del cual el apóstol acaba de declarar que ha sido crucificado y ya está muerto y, por lo tanto, ya no puede dictar nuestra conducta. Se trataría más bien de un mandato para que no sigamos los recuerdos que quedan de sus hábitos pecaminosos, como si todavía estuviésemos bajo su malvado avasallamiento.

---

6. John Murray, *Principles of Conduct* (Grand Rapids: Eerdmans, 1957), véase pp. 211-219.

7. Moule, *The Epistle to the Romans*, p. 164.

8. D. Martyn Lloyd-Jones, *Romans: An Exposition of Chapter 6* (Grand Rapids: Zondervan, 1973), p. 64.

Declarando nuevamente que los creyentes verdaderos ya han sido retirados de la presencia y el control del viejo hombre de pecado, Pablo dice a la iglesia de Galacia: "Los que son de Cristo *han crucificado* la carne con sus pasiones y deseos" (Gá. 5:24).

En un pasaje casi paralelo en Colosenses, Pablo afirma claramente que el despojarse del viejo hombre es para el creyente un acto culminado, un hecho realizado de manera irreversible. "No mintáis los unos a los otros", dice, "habiéndoos despojado del viejo hombre con sus hechos, y revestido del nuevo, el cual conforme a la imagen del que lo creó se va renovando hasta el conocimiento pleno" (Col. 3:9-10). No era que todo creyente de Colosas ya fuera plenamente maduro y se las había arreglado para adquirir dominio completo sobre el viejo yo residual. Pablo estaba diciendo más bien que *todo* creyente, en cualquier nivel de madurez, puede afirmar que *ya se ha despojado* de su viejo hombre "con sus hechos" pecaminosos. Exactamente de la misma forma, su nuevo hombre en Cristo ya "se va renovando" de conformidad con la imagen misma del Dios que lo creó de nuevo.

La segunda gran verdad que Pablo da en el versículo 6 acerca de la vieja y la nueva disposición es que nuestro cuerpo del "pecado sea destruido". La expresión "sea" no alude aquí a una idea de posibilidad, sino que es una forma idiomática de afirmar un hecho ya existente. En otras palabras, nuestra muerte histórica al pecado en la cruz con Cristo resulta en que nuestro pecado queda destruido. Esas verdades son tan sinónimas que el versículo 6 casi es una tautología. El pecado que está muerto (crucificado) obviamente es destruido. Pablo expresa la verdad de esas dos maneras diferentes a fin de hacer más entendible su enseñanza y para eliminar cualquier posible ambigüedad.

La palabra *katargéo* (destruido) significa literalmente: "dejar inoperante o inválido", hacer que algo pierda su eficacia al quitar su poder de control. Su significado también puede verse en la traducción que se hace del término en otros pasajes de Romanos tales como 3:3 ("hacer nulo"), 31 ("invalidar"), 4:14 ("anulado"), 7:2 ("quedar libre").

Como todo cristiano maduro aprende, cuanto más crece en Cristo, más se hace consciente del pecado en su propia vida. En muchos lugares, Pablo utiliza los términos *cuerpo* y *carne* para referirse a las propensiones pecaminosas que están entremezcladas con las debilidades y placeres físicos (véase por ejemplo, Ro. 8:10-11, 13, 23). El nuevo nacimiento en Cristo trae muerte al ego pecaminoso, pero no trae muerte a la carne temporal y sus inclinaciones a la corrupción hasta la glorificación futura. Obviamente, el cuerpo de un cristiano es potencialmente bueno y fue creado con el propósito de hacer únicamente cosas buenas, de otra forma Pablo no habría mandado a los creyentes que presentaran sus cuerpos a Dios "en sacrificio vivo, santo, agradable a Dios" (Ro. 12:1). El cuerpo puede responder positivamente a la nueva disposición de santidad, pero no siempre lo hace.

Como Pablo explica en mayor detalle en el capítulo 7 de su carta, la humanidad no redimida de un creyente —de la cual él utiliza la suya propia como un ejemplo— permanece con él hasta que es transformado para entrar a la gloria celestial. Como lo enseñan claramente las Escrituras y también la experiencia, la humanidad que queda de algún modo retiene ciertas debilidades y propensiones a pecar. La tiranía y el castigo que el pecado ejerce e inflige en la vida del cristiano han sido quebrantados, pero el potencial de expresión del pecado en su vida todavía no ha sido plenamente removido. Las debilidades e instintos humanos del creyente le hacen estar en capacidad de sucumbir a las tentaciones de Satanás cuando vive apartado de la Palabra y el poder del Espíritu. Es una criatura nueva, redimida y santa, pero encarcelada por un tiempo en la carne no redimida.

Para combatir esos residuos de debilidad con respecto al

pecado, el apóstol amonesta a los creyentes más adelante en este capítulo que: "Así como para iniquidad presentasteis vuestros miembros para servir a la inmundicia y a la iniquidad, así ahora para santificación presentad vuestros miembros para servir a la justicia" (Ro. 6:19).

La tercera verdad que Pablo presenta en el versículo 6 acerca de la naturaleza vieja y la nueva es que "no sirvamos más al pecado". De nuevo, la traducción deja el significado un poco ambiguo, pero como el apóstol dice de manera inequívoca unos cuantos versículos más adelante: "Gracias a Dios, que aunque erais esclavos del pecado, *habéis obedecido* de corazón a aquella forma de doctrina a la cual fuisteis entregados; y *libertados del pecado, vinisteis a ser siervos de la justicia*" (Ro. 6:17-18). Todos los verbos en esos dos versículos dejan claro que la esclavitud de un creyente bajo el pecado ya ha sido quebrantada porque de ahí en adelante se convierte en una cosa del pasado. Varios versículos más adelante, Pablo reitera la verdad de que la nueva servidumbre del creyente en función de la justicia se hace posible gracias a que él es *ahora* siervo de Dios (v. 22).

En otras palabras, el contexto inmediato de la frase que no sirvamos más al pecado tiene el significado más preciso —y sumamente importante— de que los creyentes *no pueden* "servir más al pecado". Como se indicó, Pablo no enseña que un cristiano ya no sea *capaz* de cometer pecado, sino que ya no se encuentra bajo la compulsión y la tiranía del pecado, ni tiene la obligación de obedecer al pecado como antes cuando lo hacía casi que en cumplimiento de un deber. Para todos los cristianos genuinos, la *esclavitud* al pecado ha dejado de existir para siempre.

La razón, por supuesto, es que el que ha muerto, ha sido justificado del pecado. Debido a que la vida vieja ha muerto, lo que caracterizaba la vida vieja ha muerto con ella, siendo lo más importante la esclavitud al pecado, de la cual son libres para siempre todos los que han sido justificados.

En su primera epístola, Pedro hace un fuerte énfasis en esa verdad. "Puesto que Cristo ha padecido por nosotros en la carne, vosotros también armaos del mismo pensamiento; pues quien ha padecido en la carne, terminó con el pecado, para no vivir el tiempo que resta en la carne, conforme a las concupiscencias de los hombres, sino conforme a la voluntad de Dios" (1 P. 4:1-2). Sin embargo, Pedro no está enseñando la perfección sin pecado en esta vida terrenal presente, porque él prosigue a dar la severa advertencia: "Así que, ninguno de vosotros padezca como homicida, o ladrón, o malhechor, o por entremeterse en lo ajeno" (v. 15).

Martyn Lloyd-Jones ofrece una útil ilustración de la relación que el creyente tiene con su vieja disposición para el pecado.[9] Él habla de dos campos contiguos, Satanás es dueño de uno y Dios es el dueño del otro. Los campos están separados por un camino. Antes de la salvación, una persona vive en el campo de Satanás y está totalmente sometida a su jurisdicción. Después de la salvación, la persona pasa a trabajar en el otro campo, sujeta ahora únicamente a la jurisdicción de Dios. Sin embargo, mientras está labrando la tierra en el nuevo campo, el creyente es objeto de la zalamería de su antiguo amo, el cual busca seducirle para que regrese a las viejas andanzas del pecado. Satanás tiene éxito con frecuencia en desviar temporalmente la atención del creyente de su nuevo Amo y su nuevo estilo de vida, pero no tiene poder para devolver al creyente al viejo campo del pecado y de la muerte.

La muerte única de Cristo fue una muerte al pecado

Y si morimos con Cristo, creemos que también viviremos con él; sabiendo que Cristo, habiendo resucitado de los muertos, ya no muere; *la* muerte no se enseñorea más de él. Porque en cuanto murió, *al* pecado murió una vez por todas; mas en cuanto vive, para Dios vive. (6:8-10)

---

9. Ibíd., pp. 26-27.

El cuarto principio es que la muerte de Cristo al pecado una vez y para siempre no solamente trajo como consecuencia la muerte del pecado sino también la muerte de la muerte para aquellos que por fe han muerto con Él. Estos tres versículos constituyen esencialmente un resumen de lo que Pablo acaba de enseñar acerca de la muerte del creyente al pecado y su nueva vida en Cristo. Aquí también hace hincapié en la permanencia de esa verdad admirable y gloriosa.

La seguridad de que viviremos con él se aplica obviamente a la presencia definitiva y eterna del creyente con Cristo en el cielo; pero el contexto tiene como foco principal la vida santa, y este es un fuerte indicio de que Pablo está hablando primordialmente acerca de nuestra vida con Él en justicia durante esta vida presente. En griego, como en otros idiomas, el tiempo futuro transmite con frecuencia la idea de certidumbre absoluta. Ese parece ser el caso en el uso que Pablo hace de *suzáo* (o *sunzáo),* que se traduce aquí "viviremos". Como el apóstol deja claro en el versículo 10 con relación a Cristo, él no está hablando meramente de existir en la presencia de Dios sino de vivir para Dios, esto es, llevar una vida plenamente coherente con la santidad de Dios.

Construyendo su argumento a partir de ese pensamiento, Pablo prosigue a decir: "sabiendo que Cristo, habiendo resucitado de los muertos, ya no muere; la muerte no se enseñorea más de él". El punto es que, debido a que *nosotros* hemos muerto y sido resucitados con Cristo (vv. 3-5), nosotros al igual que Él, tampoco morimos. El pecado que nos había sujetado a la muerte ya no se puede enseñorear de nosotros, así como no se enseñorea más de él. Tampoco puede ser nunca jamás nuestro ejecutor.

El punto culminante de esta sección del capítulo 6 es que "en cuanto murió, al pecado murió una vez por todas; mas en cuanto vive, para Dios vive". Debido a que la muerte es la paga del pecado (Ro. 6:23), quebrantar el dominio del pecado equivale a destruir el imperio de la muerte.

Hay dos verdades sumamente importantes en el versículo 10 que deben destacarse. La primera es que Cristo "murió al pecado". Habiendo llevado una vida sin pecado y perfecta durante su encarnación, Cristo obviamente nunca tuvo la misma relación con el pecado que tienen todos los demás seres humanos. Él no solamente nunca fue dominado por el pecado, sino que jamás cometió un pecado, ni siquiera el más mínimo pecado que pueda imaginarse. Nos preguntamos entonces, ¿cómo pudo Él haber muerto al pecado? No obstante, es claro a partir de este versículo que en cualquier sentido en que Cristo haya muerto al pecado, los creyentes también han muerto al pecado.

Algunos sugieren que los creyentes han muerto al pecado en el sentido de que ya no son sensibles a los encantos del pecado, pero esa opinión no es congruente con la experiencia cristiana, y obviamente no pudo haberse aplicado a Cristo, quien para empezar nunca fue sensible a los encantos del pecado. Otros sugieren que Pablo está enseñando que los creyentes *debieran* morir al pecado; pero aquí de nuevo, esa interpretación no podría aplicarse a Cristo. Tampoco podría significar que Cristo murió al pecado en el sentido de que llegó a ser perfecto, porque Él siempre fue perfecto.

Parece que Pablo quiere dar a entender dos cosas al declarar que Cristo "murió al pecado". Primera, Él murió a la *paga* del pecado al tomar sobre sí mismo los pecados del mundo entero. Él satisfizo la demanda legal del pecado en favor de todos los seres humanos que confiaran en Él. Por su fe en Él, investidos de poder por su gracia divina y sin límites, los creyentes han muerto al pecado en un sentido jurídico. Segunda, Cristo murió al *poder* del pecado, rompiendo para siempre su poder sobre aquellos que pertenecen a Dios mediante su fe en su Hijo. Pablo aseguró hasta a los creyentes inmaduros y propensos al pecado de la iglesia de Corinto, que Dios "al que no conoció pecado, por nosotros lo hizo pecado, para que nosotros fuésemos hechos justicia de Dios en él" (2 Co. 5:21).

Fue tal vez esa doble verdad de que los creyentes mueren tanto a la paga como al poder del pecado, la que Augusto Toplady tuvo en mente cuando escribió la bella frase de su grandioso himno *Roca de la eternidad*: "Sé del pecado la doble cura, sálvame de la ira y hazme puro". El segundo énfasis crucial en el versículo 10 es que Cristo "al pecado murió una vez por todas". Él alcanzó una victoria que nunca será necesario repetir, y esta es una profunda verdad que el escritor de Hebreos recalca una y otra vez (7:26-27; 9:12, 28; 10:10; cp. 1 P. 3:18).

Además de estar identificados concretamente con Cristo en los sentidos mencionados por Pablo en este pasaje —a saber, su muerte y resurrección, la destrucción del cuerpo de pecado, y la muerte al pecado—, los creyentes también llegan a asemejarse a su Señor por analogía en su nacimiento de una virgen, en el sentido de que tanto Él en su nacimiento físico como los creyentes en sus nacimientos espirituales han sido concebidos por el Espíritu Santo. Él se identificó con nuestra humanidad en su encarnación; luego mediante su circuncisión se colocó temporalmente bajo la autoridad de la ley mosaica a fin de redimir a quienes se encontraban bajo la ley (Col. 2:11). También podemos identificarnos con nuestro Señor en sus sufrimientos, cuando nosotros, al igual que Pablo, llevamos las marcas de haber padecido por amor a Él y su causa.

En muchas formas y sentidos, los creyentes están identificados de una manera tan completa e inextricable con el Señor Jesucristo, que Él mismo "no se avergüenza de llamarlos hermanos" (He. 2:11).

Capítulo 4

ANDEMOS EN EL ESPÍRITU

GÁLATAS 5:16-25

Digo, pues: Andad en el Espíritu, y no satisfagáis los deseos de la carne. **Porque el deseo de la carne es contra el Espíritu, y el del Espíritu es contra la carne; y éstos se oponen entre sí, para que no hagáis lo que quisiereis. Pero si sois guiados por el Espíritu, no estáis bajo la ley. Y manifiestas son las obras de la carne, que son: adulterio, fornicación, inmundicia, lascivia, idolatría, hechicerías, enemistades, pleitos, celos, iras, contiendas, disensiones, herejías, envidias, homicidios, borracheras, orgías, y cosas semejantes a estas; acerca de las cuales os amonesto, como ya os lo he dicho antes, que los que practican tales cosas no heredarán el reino de Dios. Mas el fruto del Espíritu es amor, gozo, paz, paciencia, benignidad, bondad, fe, mansedumbre, templanza; contra tales cosas no hay ley. Pero los que son de Cristo han crucificado la carne con sus pasiones y deseos. Si vivimos por el Espíritu, andemos también por el Espíritu.** (5:16-25)

Así como Jesucristo es la Persona principal detrás de la obra de justificación, el Espíritu Santo es la Persona principal en la obra de la santificación. Para un creyente es tan imposible santificarse a sí mismo como lo es salvarse a sí mismo. No puede vivir la vida cristiana con sus propios recursos, así como nunca pudo salvarse con sus propios recursos.

En su definición más profunda y a la vez simple, la vida cristiana fiel es una vida que se vive bajo la dirección y por el poder del Espíritu. Ese es el tema de Gálatas 5:16-25, pasaje en el cual Pablo llama a los creyentes a "andad en el Espíritu" (vv. 16, 25) y ser "guiados por el Espíritu" (v. 18). Esta sección podemos estudiarla bajo cuatro encabezamientos: el mandato, el conflicto, el contraste, y la conquista.

EL MANDATO

Digo, pues: Andad en el Espíritu, y no satisfagáis los deseos de la carne. (5:16)

Los temas contrapuestos en el libro de Gálatas son la ley y la gracia, los cuales Pablo demuestra en repetidas ocasiones que son incompatibles como medios de salvación y de santificación. Una persona no puede acercarse a Dios por medio de guardar la ley ni puede mantener una vida dedicada a Dios con guardar la ley, ni siquiera la ley de Moisés dada por Dios en la cual se había basado el antiguo pacto.

Puesto que ningún hombre puede obedecerla a perfección, la ley nunca ha sido y nunca tuvo el propósito de ser un medio de salvación. Fue dada por Dios para (1) revelar sus parámetros de santidad y (2) para que los hombres perdieran toda esperanza en sus propios esfuerzos fallidos para agradarle, lo cual les hace acudir a Jesucristo quien es el único que por la gracia divina puede hacerles aceptables para el Padre. A través de la ley, "la Escritura lo encerró todo bajo pecado, para que la promesa que es por la fe en Jesucristo fuese dada a los creyentes" (Gá. 3:22). La ley nunca fue dada como un agente salvador, solo como un ayo que conduce a los hombres al Salvador (v. 24).

El creyente no necesita la ley como medio de salvación porque ya ha sido salvado y adoptado por medio de Cristo como hijo de

Dios en su hogar celestial (Gá. 3:26). Tampoco necesita el sistema de gobierno de la ley para que le guíe en su nueva vida, ya que tiene al Espíritu mismo de Cristo como guía divino y permanente que mora dentro de su ser. De hecho, cuanto más trate el creyente de forzarse a vivir conforme a reglas y regulaciones, sin importar cuán nobles puedan ser, más apaga la obra del Espíritu Santo.

Aunque estudiar la Biblia, orar, adorar, testificar y otras normas de conducta que se aplican a los creyentes constituyen observancias esenciales de la vida cristiana fiel, la espiritualidad no puede medirse por la frecuencia o la intensidad de nuestra participación en tales actividades. Utilizarlas para una medición de la espiritualidad lleva a la trampa del legalismo, cuyos únicos logros se miden por la actividad humana visible. Vivir conforme a un conjunto de leyes equivale a vivir por la carne en la justicia propia y la hipocresía, así como suprimir al Espíritu, quien es el único capaz de producir desde el interior del creyente las obras de la justicia verdadera. La santidad solo procede del Espíritu Santo. La vida santa no viene como resultado de *nuestro* desempeño delante de Dios sino de *su* desempeño a través de nosotros por su propio Espíritu. La vida santa consiste en "ser fortalecidos con poder en el hombre interior por su Espíritu" a medida que somos "llenos del Espíritu Santo" (Ef. 3:16; 5:18).

Todo lo que un creyente necesita en absoluto para vivir una vida santa de acuerdo con la voluntad de Dios es el Espíritu Santo, quien le es dado en el mismo momento en que cree (Ro. 8:9). Hasta el cristiano más nuevo y menos enseñado es habitado por el maestro y fortalecedor divino de Dios que mora en su propio ser. Aunque el Espíritu utiliza las Escrituras para asistir a los creyentes a crecer en verdad y santidad, Él mismo es la fuente suprema de esas virtudes (cp. Col. 3:16).

Solo el orgullo o la ignorancia llevarían a un creyente a vivir conforme a una lista de reglas y mandatos externos en su propio poder limitado y pecaminoso, cuando en realidad puede vivir por el poder interno, perfecto y suficiente del Espíritu Santo. Sin embargo, eso es lo que muchos creyentes en las iglesias de Galacia trataban de hacer, y lo que muchos creyentes desde aquel entonces se han esforzado en hacer también.

Andar: una manera de vivir

El hecho de que *peripatéo* ("andad") se emplee aquí en el tiempo presente, indica que Pablo habla acerca de una acción continua y regular. En otras palabras, se trata de un estilo habitual de vida. Además, el hecho de que el verbo se conjugue como imperativo también indica que el apóstol no presenta algo opcional para los creyentes sino un mandato divino.

Entre otras cosas, el acto de caminar implica avanzar, ir desde el lugar donde uno se encuentra al lugar donde debería estar. A medida que un creyente se somete al control del Espíritu, experimenta progreso en su vida espiritual. Paso a paso, el Espíritu le traslada de donde se encuentra hacia el lugar donde Dios quiere que esté. De modo que mientras el Espíritu es la fuente de todo lo relacionado con la manera santa de vivir, es al creyente a quien se manda andar. Esta es la paradoja aparente que se ve entre los aspectos humano y divino en la salvación (Jn. 6:35-40), en la inspiración de las Escrituras (cp. l Jn. 1:13 con 2 P. 1:19-21), en la seguridad eterna (cp. Ro. 8:31-39 con Col. 1:21-23), y hasta en el ministerio (Col. 1:28-29).

Al recalcar el carácter central de la obra del Espíritu Santo en la vida del creyente, algunos cristianos han perdido de vista la tensión que hay entre lo humano y lo divino, y han enseñado la idea que se sugiere con expresiones populares como "renuncia y cede el paso a Dios" y "vive la vida en rendición". Estas expresiones pueden ser de ayuda si se usan en el contexto adecuado. Si se interpretan en el sentido de renunciar a los recursos y la voluntad individuales para rendirse a la verdad y el poder de Dios, la idea es bíblica. Por otro lado, si se utilizan, como sucede con frecuencia, para enseñar la idea de que la vida cristiana es una simple sumisión pasiva a Dios, son contrarias a todos los términos dinámicos y mandatos enérgicos acerca de hacer grandes esfuerzos y compromisos que se encuentran esparcidos por todo el Nuevo Testamento (véase, por ejemplo, 1 Co. 9:24-27; He. 12:1-3).

Si la voluntad y las acciones humanas no tuvieran un papel directo y agresivo en la vida cristiana, esta sería la única instrucción que el Nuevo Testamento daría a los creyentes: "andad en el Espíritu". Todos los demás mandatos serían superfluos. Esta es la esencia de la teología que se conoce con el nombre de quietismo, la cual tuvo en los cuáqueros antiguos a sus defensores más acérrimos. La tradición de Keswick, la predicación del famoso evangelista Charles Finney y la obra de Hannah Whitall Smith titulada *El secreto cristiano de una vida feliz,* también reflejan una fuerte orientación quietista. La rendición pasiva a Dios se enseña casi con total exclusión de la volición y acción humanas.

Muchos defensores de un quietismo moderado han sido santos piadosos a quienes el Señor usó en gran manera, pero la insistencia desmesurada en su enseñanza tiende a inhibir antes que a acrecentar la obra del Espíritu. Con ella se corre el peligro de minimizar y aun contradecir muchos otros mandatos del Nuevo Testamento a los creyentes además del relacionado con el sometimiento al Espíritu Santo.

El poder del Espíritu

El *poder* para vivir la vida cristiana pertenece por completo al Espíritu Santo, así como el poder de la salvación solo está en Jesucristo; pero tanto en la obra justificadora de Cristo como en la obra santificadora del Espíritu Santo, la voluntad del hombre tiene un papel activo y se requiere su compromiso diligente.

El cristiano no debe sentarse como espectador a ver cómo el Espíritu Santo batalla por él. En lugar de eso, todos los creyentes han sido llamados a hacer esto: "vosotros consideraos muertos al pecado, pero vivos para Dios en Cristo Jesús, Señor nuestro. No reine, pues, el pecado en vuestro cuerpo mortal, de modo que lo obedezcáis en sus concupiscencias; ni tampoco presentéis vuestros miembros al pecado como instrumentos de iniquidad, sino presentaos vosotros mismos a Dios como vivos de entre los muertos, y vuestros miembros a Dios como instrumentos de justicia" (Ro. 6:11-13). Más adelante, Pablo les dice a los gálatas: "No nos cansemos, pues, de hacer bien; porque a su tiempo segaremos, si no desmayamos. Así que, según tengamos oportunidad, hagamos bien a todos, y mayormente a los de la familia de la fe" (Gá. 6:9-10).

El creyente que es guiado por el Espíritu Santo debe estar dispuesto a ir donde el Espíritu Santo le guíe y hacer lo que el Espíritu le guíe a hacer. Afirmar rendición al Espíritu Santo y no participar de forma personal en la obra de Dios es llamar a Jesús "Señor, Señor" y no hacer lo que Él dice (Lc. 6:46).

"En el Espíritu... no satisfagáis los deseos de la carne". La palabra griega usada para "deseo", *epithumía,* puede referirse a *deseos* fuertes de cualquier tipo, sean buenos o malos. En este versículo se emplea en relación con la voluntad malvada de la carne que se inclina a la perdición. En el versículo 17, el término se usa tanto con relación a la voluntad maliciosa de la carne como a la voluntad santa del Espíritu.

La acción de andar en el Espíritu de tal modo que no se satisfagan los deseos de la carne corresponde al mismo principio de: "vestíos del Señor Jesucristo, y no proveáis para los deseos de la carne" (Ro. 13:14). Andar en el Espíritu tiene que ver con que "andemos como de día, honestamente", mientras que satisfacer los deseos de la carne tiene que ver con cosas tales como "glotonerías... borracheras... lujurias y lascivias... contiendas y envidia" (v. 13).

Las dos conductas se excluyen mutuamente, de tal modo que todo el tiempo durante nuestra vida cristiana o bien andamos por el Espíritu o actuamos conforme a los deseos carnales, pero nunca ambas cosas al mismo tiempo.

La vida que se anda en el Espíritu es la vida semejante a Cristo, la saturación de los pensamientos de un creyente con la verdad, el amor y la gloria de su Señor, y el deseo intenso de ser como Él en todo sentido. Es vivir con una conciencia continua de su presencia y su voluntad, permitiendo que "la palabra de Cristo more en abundancia en" su interior (Col. 3:16). La vida que se anda en el Espíritu es una vida que se moldea cada vez más al ejemplo y la enseñanza del Señor Jesucristo. Es una vida cuyo deseo constante y preponderante es "ser hallado en él, no teniendo mi propia justicia, que es por la ley, sino la que es por la fe de Cristo, la justicia que es de Dios por la fe", así como la motivación sincera "de conocerle, y el poder de su resurrección, y la participación de sus padecimientos, llegando a ser semejante a él en su muerte" (Fil. 3:9-10). Sin duda, no es diferente de la idea de ser "llenos del Espíritu" (Ef. 5:18), una frase que se refiere al poder controlador que ejerce el Espíritu en un cristiano dispuesto.[1]

El conflicto

Porque el deseo de la carne es contra el Espíritu, y el del Espíritu es contra la carne; y éstos se oponen entre sí, para que no hagáis lo que quisiereis. Pero si sois guiados por el Espíritu, no estáis bajo la ley. (5:17-18)

Estos dos versículos, junto con muchos otros en el Nuevo Testamento, hacen obvio que andar en el Espíritu no es una sim-

---

1. Para un estudio más detallado de este concepto, véase "Sed llenos del Éspíritu" en *Comentario MacArthur del Nuevo Testamento: Efesios* (Grand Rapids, MI: Portavoz, 2002), pp. 301-330.

ple rendición pasiva. La vida guiada por el Espíritu es una vida de conflicto, porque está en combate constante con las costumbres viejas de la carne que todavía tientan y seducen al creyente. "Porque el deseo de la carne es contra el Espíritu, y el del Espíritu es contra la carne".

La naturaleza de nuestra carne

Debe advertirse que la "carne" es el término usado con frecuencia por Pablo para describir lo que queda del "viejo hombre" tras la salvación de una persona. Se refiere a la condición humana no redimida, la parte de un creyente que aguarda su redención futura en el momento de su glorificación (Ro. 8:23). Hasta ese entonces tiene una identidad redimida (cp. Gá. 2:20) que vive en una condición humana no redimida, y esto genera un conflicto de grandes dimensiones.

Pablo mismo, como cualquier otro creyente, enfrentó esa lucha constante contra la carne, como lo confiesa en su epístola a los romanos.

Y yo sé que en mí, esto es, en mi carne, no mora el bien; porque el querer el bien está en mí, pero no el hacerlo. Porque no hago el bien que quiero, sino el mal que no quiero, eso hago... Así que, queriendo yo hacer el bien, hallo esta ley: que el mal está en mí. Porque según el hombre interior, me deleito en la ley de Dios; pero veo otra ley en mis miembros, que se rebela contra la ley de mi mente, y que me lleva cautivo a la ley del pecado que está en mis miembros (Ro. 7:18-19, 21-23).

Este uso específico de *sárx* ("carne") se cuenta entre otros usos de la misma palabra en el Nuevo Testamento. El término se refiere en ciertas ocasiones al cuerpo físico, así como a la condición humana en general. *Sárx* también se utiliza como un término que describe la condición de todos los que no se han salvado, aquellos que siguen "en la carne" y, por ende, bajo el control total de sus propias pasiones pecaminosas (Ro. 7:5). En este caso, "carne" se emplea por lo general en sentido figurado y teológico como una referencia a la naturaleza caída del hombre, su identidad no redimida. En el texto presente y en otros, "carne" también se relaciona con la debilidad y la impotencia moral y espiritual de la naturaleza humana que sigue adherida a las almas redimidas, como lo mencionó Pablo en la cita previa de Romanos 7 (cp. Ro. 6:19). La carne de los cristianos es su propensión al pecado, su condición humana caída que aguarda la redención plena de la creación nueva y santa en la cual vivirán (cp. Gá. 2:20; 2 Co. 5:17).

La carne es aquella parte del creyente que funciona aparte del Espíritu y en su contra. Se opone a la obra del Espíritu en el corazón nuevo del creyente. La persona no salva lamenta con frecuencia las cosas pecaminosas que hace a causa de la culpa o de las consecuencias dolorosas que ello le trae, pero ninguna lucha espiritual sucede en su interior porque solo tiene una naturaleza carnal y no tiene dentro de sí al Espíritu. Las cosas pecaminosas que hace, aunque a veces le hacen sentir frustrado y sucio, de todas maneras son consistentes con su naturaleza básica como enemigo de Dios (Ro. 5:10) e hijo de su ira santa (Ef. 2:3). Por lo tanto, no experimenta un conflicto espiritual interno aparte de la voz de su conciencia que todavía alcanza a escuchar en medio de su pecaminosidad.

El Espíritu en conflicto con la carne

Es solo en las vidas de los creyentes que el Espíritu puede batallar contra la carne, porque el Espíritu habita solo en los creyentes. Un creyente es el único que puede decir: "según el hombre interior, me deleito en la ley de Dios; pero veo otra ley en mis miembros, que se rebela contra la ley de mi mente" (Ro. 7:22-23). Solo en los creyentes viven al mismo tiempo la carne no redimida y el Espíritu de Dios, "y estos se oponen entre sí, para que [los creyentes no hagan lo que quieren]" (Gá. 5:17). Los creyentes no siempre hacen lo que desean hacer. Hay momentos en la experiencia de todo cristiano cuando el deseo está presente pero no el hacer. El Espíritu detiene muchas veces nuestros deseos carnales, y la carne a veces prevalece sobre la voluntad que viene del Espíritu. No sorprende que este conflicto frustrante haya llevado a Pablo a exclamar: "¡Miserable de mí! ¿quién me librará de este cuerpo de muerte?" (Ro. 7:24).

Aunque la vida cristiana es una guerra, se trata de una guerra donde la victoria siempre es posible. En su oración sacerdotal, Jesús habló de la autoridad que su Padre le había dado "sobre toda carne [*sárx*]" (Jn. 17:2). Todo creyente tiene el poder del Espíritu de Dios que mora en su interior para batallar con su propia carne débil y pecaminosa, a fin de que no tenga que hacer las cosas que agradan a la carne. En Romanos 8:2, el apóstol escribió: "la ley del Espíritu de vida en Cristo Jesús me ha librado de la ley del pecado y de la muerte". En otras palabras, hay una tercera persona cuya participación es clave en el conflicto entre la nueva creación y la carne: el Espíritu Santo. Él da energía al nuevo hombre interior para tener victoria sobre su carne.

Como hijos de Dios y siervos de Jesucristo, los creyentes somos "deudores... no a la carne, para que vivamos conforme a la carne; porque si vivís conforme a la carne, moriréis; mas si por el Espíritu hacéis morir las obras de la carne, viviréis. Porque todos los que son guiados por el Espíritu de Dios, éstos son hijos de Dios" (Ro. 8:12-14). "Y de igual manera el Espíritu nos ayuda en nuestra debilidad" cuando oramos, Pablo nos asegura; "pues qué hemos de pedir como conviene, no lo sabemos, pero el Espíritu mismo intercede por nosotros con gemidos indecibles" (v. 26).

Como ya se mencionó, la forma más efectiva en que un cristiano se puede oponer a los deseos y los actos de la carne es hacerlos morir de hambre, es decir, acatar la orden apostólica: "no proveáis para los deseos de la carne" (Ro. 13:14). La manera más segura de caer en un pecado es quedarse en situaciones donde existe la tentación de cometerlo. Por otro lado, la manera más segura de evitar un pecado es evitar las situaciones que conducen con mayor probabilidad a las tentaciones correspondientes. Un creyente debe hacer morir "lo terrenal" en su propio ser: "fornicación, impureza, pasiones desordenadas, malos deseos y avaricia que es idolatría" (Col. 3:5). Cuando nuestro Señor nos enseñó a orar diciendo "no nos metas en tentación" (Mt. 6:13), nos reveló con esas palabras que hay una parte de la tentación pecaminosa que nosotros debemos evitar.

El creyente que no participa de manera activa en resistir el mal y procurar el bien no está siendo guiado por el Espíritu, sin importar cuánto crean que ha "rendido" su vida. El creyente fiel no es un observador sino un "buen soldado de Jesucristo" que mantiene un servicio activo a su Señor (2 Ti. 2:3-4).

El creyente fiel también es comparado a un atleta. Pablo manda a los cristianos: "Corred de tal manera que lo obtengáis" y a ejercer el dominio propio. Habla de sí mismo como un corredor que no corre "como a la ventura" y como un boxeador que no "golpea el aire, sino que golpeo mi cuerpo, y lo pongo en servidumbre" (1 Co. 9:24-27).

El verdadero equilibrio para la batalla

Un creyente no puede lograr algo para el Señor en su propio poder, pero también es cierto que el Espíritu logra muy poco a través de un creyente si no cuenta con la sumisión y el compromiso del creyente. El extremo opuesto del quietismo tiene el nombre tradicional de "pietismo", en el cual un creyente lucha en su propio poder de manera legalista para hacer todo lo que el Señor le manda y espera de él. Aquí también se da un desequilibrio doctrinal y práctico, pero esta vez por un énfasis exagerado en la disciplina, el esfuerzo individual y la diligencia personal.

El apóstol Pedro explica en bellos términos el equilibrio verdadero de la vida cristiana: "Como todas las cosas que pertenecen a la vida y a la piedad nos han sido dadas por su divino poder, mediante el conocimiento de aquel que nos llamó por su gloria y excelencia, por medio de las cuales nos ha dado preciosas y grandísimas promesas, para que por ellas llegaseis a ser participantes de la naturaleza divina, habiendo huido de la corrupción que hay en el mundo a causa de la concupiscencia" (2 P. 1:3-4). Ese es el compromiso de Dios, y con base en el poder divino el compromiso del creyente debería ser la aplicación de toda su diligencia y su fe para dar como fruto excelencia, conocimiento, dominio propio, perseverancia y piedad (vv. 5-6).

No es una cuestión de "todo de Él y nada de nosotros", como algunos dicen. Tampoco es todo de nosotros y nada de Él. Es el equilibrio de nuestro sometimiento y compromiso a la guía y el poder del Espíritu: "ocupaos en vuestra salvación con temor y temblor", dice Pablo, "porque Dios es el que en vosotros produce así el querer como el hacer, por su buena voluntad" (Fil. 2:12, 13). El misterio de este equilibrio perfecto y paradójico no puede entenderse ni explicarse del todo, pero sí puede ser experimentado a plenitud.

Como una advertencia reiterada a los creyentes que eran influenciados por los judaizantes, Pablo añadió: "Pero si sois guiados por el Espíritu, no estáis bajo la ley" (5:18). Vivir "bajo la ley" es vivir por la carne, incluso cuando uno no cometa un pecado como tal, porque es la única vía disponible para el legalista. La carne es impotente para cumplir la ley, y la ley carece de poder para conquistar la carne.

En su libro *El progreso del peregrino,* Juan Bunyan describe la casa de Intérprete, a la cual entró Peregrino durante su periplo hacia la ciudad celestial. La sala estaba cubierta de polvo por completo, y cuando un hombre tomó una escoba y empezó a barrer, él y los demás que estaban en la casa empezaron a asfixiarse por las nubes de polvo que se levantaron. Cuanto más barría, más difícil se hacía respirar. Intérprete ordenó a una criada que rociara la habitación con agua y, de esa manera, se pudo sacar la suciedad con rapidez y facilidad. Intérprete explicó a Peregrino que la sala representaba el corazón de un hombre no salvo, el polvo era el pecado original, el hombre con la escoba era la ley y la criada con el agua representaba el evangelio. Su mensaje fue que lo único que puede hacer la ley con respecto al pecado es agitarlo un poco tan solo para dejarlo en el mismo lugar. Solo el evangelio de Jesucristo puede llevárselo por completo.

"El poder del pecado [es] la ley", declaró Pablo. "Mas gracias sean dadas a Dios, que nos da la victoria por medio de nuestro Señor Jesucristo" (1 Co. 15:56).

Ser guiados por el Espíritu es lo mismo que andar en Él (Gá. 5:16, 25), pero hace más hincapié en su liderazgo. No andamos con Él como un igual, sino que seguimos su dirección como nuestro guía soberano y divino. "Porque todos los que son guiados por el Espíritu de Dios, éstos son hijos de Dios" (Ro. 8:14). También es cierto lo inverso: aquellos que son hijos de Dios son guiados por el Espíritu de Dios. Los creyentes no necesitan orar pidiendo la dirección del Espíritu porque Él ya hace eso en sus vidas. Lo que necesitan es buscar la disposición y la obediencia para seguir su dirección.

Tan pronto Cristo entra en la vida de una persona, el Espíritu Santo lo hace también de forma simultánea (cp. Ro. 8:9). En el mismo momento de su entrada empieza a guiar al hijo recién nacido de Dios en el camino de la libertad (Gá. 5:1), la santidad (5:16), la verdad (Jn. 16:13-15), el dar fruto en abundancia (Gá. 5:22-23), el acceso a Dios en oración (Ef. 2:18), la seguridad (Ro. 8:16), el dar testimonio (Hch. 1:8) y el gozo sumiso (Ef. 5:18-21).

No sorprende que Pablo se regocijara "porque lo que era imposible para la ley, por cuanto era débil por la carne, Dios, enviando a su Hijo en semejanza de carne de pecado y a causa del pecado, condenó al pecado en la carne; para que la justicia de la ley se cumpliese en nosotros, que no andamos conforme a la carne, sino conforme al Espíritu" (Ro. 8:3-4).

El contraste

Y manifiestas son las obras de la carne, que son: adulterio, fornicación, inmundicia, lascivia, idolatría, hechicerías, enemistades, pleitos, celos, iras, contiendas, disensiones, herejías, envidias, homicidios, borracheras, orgías, y cosas semejantes a estas; acerca de las cuales os amonesto, como ya os lo he dicho antes, que los que practican tales cosas no heredarán el reino de Dios. Mas el fruto del Espíritu es amor, gozo, paz, paciencia, benignidad, bondad, fe, mansedumbre, templanza; contra tales cosas no hay ley. (5:19-23)

Como motivación para una vida piadosa, Pablo pone lado a lado los productos de una vida vivida en la carne y los productos de la vida vivida en el Espíritu. Los pecados de la primera lista son los resultados feos y repugnantes del deseo perverso, mientras que las virtudes de la segunda son los resultados hermosos y atractivos de andar en el Espíritu. Ninguna lista es exhaustiva, sino solo sugerentes (v. 21, "cosas semejantes a estas"; y v. 23, "tales cosas") de las cosas que eran pertinentes primero a la iglesia en Galacia y, segundo, son pertinentes para todos los creyentes.

Las obras de la carne

Y manifiestas son las obras de la carne, que son: adulterio, fornicación, inmundicia, lascivia, idolatría, hechicerías, enemistades, pleitos, celos, iras, contiendas, disensiones, herejías,

envidias, homicidios, borracheras, orgías, y cosas semejantes a estas; acerca de las cuales os amonesto, como ya os lo he dicho antes, que los que practican tales cosas no heredarán el reino de Dios. (5:19-21)

"Las obras de la carne" reflejan los deseos pecaminosos de la condición humana no redimida, los cuales están en guerra espiritual contra los deseos del Espíritu (vv. 16-17; cp. 24). Estas obras son tan evidentes que Pablo las menciona en primer orden para recordar algo básico.

Jesús dejó en claro que el problema básico del hombre no radica en lo que está fuera de él sino en aquello que tiene en su propio interior: "lo que del hombre sale, eso contamina al hombre. Porque de dentro, del corazón de los hombres, salen los malos pensamientos, los adulterios, las fornicaciones, los homicidios, los hurtos, las avaricias, las maldades, el engaño, la lascivia, la envidia, la maledicencia, la soberbia, la insensatez. Todas estas maldades de dentro salen, y contaminan al hombre" (Mr. 7:20-23).

La lista de Jesús se parece a la de Pablo en que ambos pasajes insisten en el hecho de que estas maldades se originan en el interior del hombre mismo, no en Satanás o en el mundo exterior. En ese relato breve, Jesús menciona en tres ocasiones que los pecados proceden de dentro del hombre mismo, y Pablo identifica su lista de pecados como las obras de la carne, es decir, obras producidas por la propia naturaleza no regenerada del hombre.

Solo existen dos visiones posibles de la naturaleza humana: es vista básicamente como buena o básicamente mala. La visión humanista consiste en que nace con bondad moral intrínseca, o por lo menos neutralidad moral. Sin embargo, la Biblia sostiene lo opuesto, que el hombre tiene corrupción y depravación inherentes en todos los aspectos de su ser. En consecuencia, aunque el ambiente que rodea al hombre jamás es perfecto y casi siempre tiene un efecto destructivo en su vida, ese nunca es su problema peor. De hecho, el hombre es quien contamina el medio ambiente y no lo contrario.

Es por esa razón que todas las mejoras y los avances en vivienda, transporte, educación, empleo, ingresos, cuidados médicos y otras cosas semejantes, por deseables que puedan ser, no pueden contribuir en absoluto a resolver el problema básico del hombre que es el pecado en su interior. Ningún beneficio externo puede mejorar su interior. En lugar de esto, las condiciones externas óptimas presentan oportunidades mejores y más sofisticadas para hacer el mal, al punto que los beneficios mismos son corrompidos por la gente que han sido diseñados a ayudar.

Aunque los pecados que Pablo incluye aquí en su lista (cp. Ro. 1:29-31; 2 Co. 12:20-21) son características naturales de la humanidad no redimida, no toda persona manifiesta todos los pecados ni los manifiesta al mismo grado. Sin embargo, toda persona posee su propia "carne", la cual es pecaminosa y de forma inevitable se manifestará en conductas pecaminosas, sea cual sea la forma particular de su manifestación. Se trata de conductas normales y continuas para los incrédulos en el transcurso de su vida en la carne, pero son conductas anormales y contraproducentes en las vidas de los cristianos, quienes viven en el Espíritu. Un cristiano puede andar en el Espíritu y evitar todas estas conductas, o puede ceder a la carne y caer víctima de cualquiera de ellas.

La lista que Pablo hace de "las obras de la carne" abarca tres áreas generales: sexualidad, religión y relaciones humanas.

LA CONTAMINACIÓN MEDIANTE EL PECADO SEXUAL

El primer grupo de pecados se relaciona con la contaminación del hombre en el área de la sexualidad. La palabra "fornicación" se traduce del término griego *porneía,* del cual se deriva la palabra *pornografía.* El término tenía un significado amplio para referirse a toda actividad sexual ilícita, en especial el adulterio, las relaciones sexuales antes del matrimonio, la homosexualidad, el bestialismo y la prostitución. En 1 Corintios 5:1, Pablo usa el término para referirse a una forma de incesto (relaciones sexuales de un hombre con su madre o su madrastra), que ni siquiera era una práctica común de los paganos. En los dos capítulos siguientes (6:13, 18; 7:2; cp. Ef. 5:3; 1 Ts. 4:3), el apóstol emplea la misma palabra para representar el pecado sexual en general.

"Inmundicia" es la traducción de *akatharsía,* cuyo significado literal es "sucio", y se empleaba en el campo médico para referirse a una herida infectada y supurante. Es la forma negativa de *katharsía,* que significa "limpio" y es la palabra de la cual se deriva *catarsis,* que significa acto de purificación. En las Escrituras, el término se emplea para aludir a la suciedad tanto moral como ceremonial, cualquier impureza e inmundicia que impide a una persona acercarse a Dios.

"Lascivia" se traduce de *asélgeia,* cuyo significado original se aplicaba a cualquier exceso o falta de control, pero terminó asociado ante todo con los excesos sexuales. Es la indulgencia sexual sin restricciones, tal como ha llegado a ser tan común en el mundo occidental moderno. Se refiere a la complacencia sexual desinhibida, sin vergüenza y sin consideración por lo que piensen los demás o por la manera como puedan verse afectados (o infectados) por su ejercicio licencioso.

CONTAMINACIÓN POR LA RELIGIÓN DE CREACIÓN HUMANA

El segundo grupo de pecados, de manera específica la idolatría y las hechicerías, se relaciona con la religión de fabricación humana, que es un producto de la carne tanto como lo son los pecados sexuales. Las obras de la carne no solo contaminan a los hombres mismos sino también su relación con Dios. Toda religión humana se basa en el esfuerzo individual, en la insistencia pecaminosa del hombre en que puede hacerse a sí mismo aceptable ante el Dios que ha concebido en su propia mente, por medio sus propios méritos. En consecuencia, la religión humana es el enemigo implacable de la gracia divina y, por tanto, del evangelio.

La idolatría es el pecado obvio de adorar imágenes de cualquier tipo fabricadas por el hombre. La palabra "hechicerías" traduce *farmakeía,* término griego del que se derivan las palabras *farmacia* y *farmacéutico.* Su aplicación original hacía referencia a medicinas en general, pero llegó a utilizarse más que todo para describir drogas que alteraban la mente y el estado de ánimo, similares a las que crean tantos problemas en el mundo actual. Muchas ceremonias religiosas antiguas incluían prácticas ocultistas en las que se usaban drogas para inducir la supuesta comunicación con deidades, y por eso *farmakeía* llegó a tener una vinculación muy cercana con la brujería y la magia. Aristóteles y otros escritores griegos de la antigüedad emplearon la palabra como sinónimo de brujería y magia negra, porque las drogas eran de uso tan común en tales prácticas.

CONTAMINACIÓN DE LAS RELACIONES HUMANAS

El tercer grupo de pecados tiene que ver con relaciones humanas que son contaminadas por estos pecados específicos al igual que por muchos otros.

"Enemistades" se encuentra en plural y se refiere a actitudes odiosas que resultan en pleitos entre individuos, incluidos los conflictos amargos. Las actitudes erróneas siempre traen como consecuencia acciones erróneas.

"Celos" tiene que ver con una forma de enojo y resentimiento odioso ocasionado por el hecho de codiciar lo que pertenece a otra persona. Las "explosiones de ira" son expresiones repentinas y descontroladas de hostilidad hacia otros, muchas veces sin provocación ni justificación. Aunque los celos no siempre traen como resultado las iras, así como las enemistades llevan a los pleitos, el primer pecado en cada caso se refiere a la actitud o el motivo mientras que el segundo es la acción como tal.

Las "contiendas, disensiones, herejías y envidias" son expresiones más particulares y continuas de los pecados generales que las preceden en esta lista. Representan animosidades entre individuos y grupos que algunas veces se exacerban y descomponen por mucho tiempo después de la causa original del conflicto. Desde las riñas entre clanes antiguos que duran varias generaciones hasta las hostilidades nacionales que duran siglos, estos pecados pueden establecerse como parte de un estilo de vida destructivo que muchas veces trae como consecuencia que se cometan homicidios.

"Borracheras y orgías" hacía referencia específica a las francachelas que caracterizaban tanto las ceremonias de adoración paganas en las que muchos de los gentiles convertidos en Galacia habían participado. En un sentido más general y universal, se refieren a embriagarse bajo cualquier circunstancia y degenerar en conductas vulgares, ruidosas e indecentes.

Como ya se observó, la frase "y cosas semejantes a estas" indica que la lista de obras de la carne escrita aquí por Pablo solo es representativa mas no exhaustiva. Tampoco eran estas conductas el resultado de tentaciones o caídas recientes en el pecado por parte de los creyentes en Galacia. Pablo les recuerda: "acerca de las cuales os amonesto, como ya os lo he dicho antes" (v. 21). Parece que se trataba de pecados dominantes en la cultura, con respecto a los cuales los gálatas todavía se sentían tentados.

UNA ADVERTENCIA "A LOS QUE PRACTICAN TALES COSAS"

El punto clave en la advertencia del apóstol es bastante serio: "los que practican tales cosas no heredarán el reino de Dios". Debido a que la lista de pecados abarca tantas cosas y la advertencia es tan severa, este pasaje ha llevado a muchos creyentes a dudar de su salvación. Tales temores se intensifican por causa de algunas traducciones tradicionales del texto como la siguiente: "los que *hacen* estas cosas". En ese caso, la gente se pregunta: "¿Quién no ha hecho algunas de esas cosas? ¿Qué cristiano puede afirmar que no ha cometido uno solo de esos pecados desde que fue salvo? ¿Quién podría entrar al cielo, si cometer uno solo de esos pecados le niega la entrada al reino de Dios?"

La palabra clave en esta advertencia de Pablo es "practican", que traduce un participio activo presente de *prásso,* para indicar una acción persistente y continua. Es decir, los que practican de manera habitual e incesante tales cosas demuestran que no han sido regenerados y, por esa razón, no heredarán el reino de Dios. La Biblia siempre determina el carácter de una persona con base en sus acciones comunes y habituales, no las ocasionales. Las personas que se prestan de manera habitual a pecar demuestran que son enemigos de Dios, mientras que aquellos que tienen por hábito hacer el bien demuestran ser sus hijos. La persona no regenerada en ciertas ocasiones hace cosas buenas desde el punto de vista humano, y la persona regenerada cae en pecado de forma ocasional. Sin embargo, el carácter básico de los no regenerados es que practican las obras malas de la carne, y el de los regenerados por Dios es que llevan el fruto del Espíritu. Esta es la esencia de la enseñanza del apóstol Juan en 1 Juan 3:4-10.

> Todo aquel que comete pecado, infringe también la ley; pues el pecado es infracción de la ley. Y sabéis que él apareció para quitar nuestros pecados, y no hay pecado en él. Todo aquel que permanece en él, no peca; todo aquel que peca, no le ha visto, ni le ha conocido. Hijitos, nadie os engañe; el que hace justicia es justo, como él es justo. El que practica el pecado es del diablo; porque el diablo peca desde el principio. Para esto apareció el Hijo de Dios, para deshacer las obras del diablo. Todo aquel que es nacido de Dios, no practica el pecado, porque la simiente de Dios permanece en él; y no puede

pecar, porque es nacido de Dios. En esto se manifiestan los hijos de Dios, y los hijos del diablo: todo aquel que no hace justicia, y que no ama a su hermano, no es de Dios.

Pablo hace una declaración similar en 1 Corintios 6:9-10: "¿No sabéis que los injustos no heredarán el reino de Dios? No erréis; ni los fornicarios, ni los idólatras, ni los adúlteros, ni los afeminados, ni los que se echan con varones, ni los ladrones, ni los avaros, ni los borrachos, ni los maldicientes, ni los estafadores, heredarán el reino de Dios". A continuación deja en claro que los creyentes ya no practican tales cosas: "Y esto erais algunos; mas ya habéis sido lavados, ya habéis sido santificados, ya habéis sido justificados en el nombre del Señor Jesús, y por el Espíritu de nuestro Dios" (v. 11).

Aunque los santos no cometen esas maldades de manera habitual, Pablo les llama a andar en el Espíritu para que ni siquiera caigan en ellas de manera ocasional.

El fruto del Espíritu

Mas el fruto del Espíritu es amor, gozo, paz, paciencia, benignidad, bondad, fe, mansedumbre, templanza; contra tales cosas no hay ley. (5:22-23)

En contraste a las obras de la carne está el fruto del Espíritu. Las obras de la carne son hechas con los esfuerzos propios de una persona, bien sea salva o no salva. El fruto del Espíritu, por otro lado, es producido *por* el propio Espíritu de Dios y solo en las vidas de aquellos que le pertenecen mediante la fe en Jesucristo.

La conducta espiritual de andar en el Espíritu (v. 16) tiene el efecto negativo de hacer que el creyente elimine de su vida las obras habituales y continuas de la carne, y el efecto positivo de llevar el fruto bueno que es producido por el Espíritu.

El primer contraste entre las obras de la carne y el fruto del

Espíritu es que los productos de la carne son plurales, mientras que el producto del Espíritu es singular. Aunque Pablo no menciona aquí esta verdad, también existe un contraste evidente entre los grados en que se producen las obras y el fruto. Es posible que una persona practique solo uno o dos, o quizás la mitad de los pecados que Pablo menciona aquí, pero sería imposible que esa persona los practique todos por igual de forma habitual y activa. El fruto del Espíritu, por otra parte, siempre es producido de manera completa en cada creyente, sin importar cuán tenue sea la evidencia de sus diversas manifestaciones en el individuo.

La Biblia tiene mucho que decir acerca del fruto, ya que se menciona unas ciento seis veces en el Antiguo Testamento y setenta veces en el Nuevo. Aun bajo el pacto de la ley, un creyente producía buen fruto solo por el poder de Dios y no el suyo propio. "De mí será hallado tu fruto", dijo el Señor al antiguo pueblo de Israel (Os. 14:8).

En el Nuevo Testamento se habla acerca de cosas como alabar al Señor (He. 13:15), ganar almas para Cristo (1 Co. 16:15) y hacer obras piadosas en general (Col. 1:10), en términos de un fruto espiritual producido por Dios a través de los creyentes. El fruto de la *acción* siempre debe proceder del fruto de la *actitud*, y esa es la clase de fruto que constituye el enfoque de Pablo en Gálatas 5:22-23. Si tales actitudes caracterizan la vida de un creyente, será inevitable la manifestación del fruto activo de buenas obras.

ALGO DE FRUTO EN COMPARACIÓN A MUCHO FRUTO

El Espíritu nunca deja de producir algún fruto en la vida de un creyente, pero el Señor desea que sus discípulos lleven "mucho fruto" (Jn. 15:8). Así como una persona no redimida, que solo posee su propia naturaleza caída y pecaminosa, manifiesta de forma inevitable esa naturaleza a través de "las obras de la carne" (v. 19), un creyente en Jesucristo, el cual posee una naturaleza nueva y redimida, manifestará esa naturaleza de forma inevitable en el fruto del Espíritu. No obstante, siempre es posible que el creyente lleve y manifieste más fruto si es receptivo al Espíritu.

La provisión de fruto por parte del Espíritu puede compararse a un horticultor que sube por una escalera para recolectar los frutos del árbol y los echa en una canasta que el ayudante sostiene abajo. Sin importar cuánto fruto sea recolectado y tirado desde arriba, el ayudante no lo recibirá si no se coloca debajo de la escalera con la canasta lista para recibirlo.

El fruto del Espíritu es el indicador externo de la salvación. La condición de un creyente como hijo de Dios y ciudadano de su reino (cp. v. 21) se manifiesta por el fruto que el Espíritu produce en su vida. Jesús dijo: "Por sus frutos los conoceréis [hombres y mujeres]. ¿Acaso se recogen uvas de los espinos, o higos de los abrojos? Así, todo buen árbol da buenos frutos, pero el árbol malo da frutos malos. No puede el buen árbol dar malos frutos, ni el árbol malo dar frutos buenos" (Mt. 7:16-18).

En los versículos 22 y 23, Pablo hace una lista de nueve características representativas del fruto espiritual que el Espíritu Santo produce en la vida de un creyente. Aunque se han hecho numerosos intentos de categorizar estas nueve virtudes en diferentes grupos, la mayoría de esos esquemas parecen artificiales e irrelevantes. Aunque no puedan clasificarse de forma satisfactoria, lo más importante que debemos recordar es que no se trata de múltiples características espirituales sino de un solo fruto cuyas propiedades son inseparables entre sí. Esas características no se pueden producir ni manifestar de manera aislada.

Aunque parezca paradójico, todas las nueve manifestaciones del fruto del Espíritu también son *mandadas* a los creyentes en el Nuevo Testamento. También en cada caso, Jesús puede verse como el ejemplo supremo y el Espíritu Santo como la fuente.

AMOR

La primera característica del fruto espiritual es el amor, la virtud suprema de la vida cristiana (1 Co. 13:13). Algunos comentaristas insisten en que el contexto determina que amor aquí es sinónimo de fruto y por eso abarca las demás características en la lista. En cualquier caso, resulta clara la preeminencia del amor. Como Pablo acabó de declarar, "toda la ley en esta sola palabra se cumple: Amarás a tu prójimo como a ti mismo" (Gá. 5:14; cp. Ro. 13:10).

Amor *agápe* es la forma de amor que más refleja una decisión personal, porque no solo se refiere a emociones espontáneas o sentimientos agradables, sino al servicio dispuesto y generoso. "Dios muestra su amor para con nosotros, en que siendo aún pecadores, Cristo murió por nosotros" (Ro. 5:8). De la misma manera, la decisión de mayor sacrificio que una persona que ama puede hacer es dar "su vida por sus amigos" (Jn. 15:13). El apóstol Juan expresa la unidad de esas dos verdades en su primera carta: "En esto hemos conocido el amor, en que él puso su vida por nosotros; también nosotros debemos poner nuestras vidas por los hermanos" (1 Jn. 3:16). Sin embargo, el amor es puesto a prueba mucho antes de ser llamado a ofrecer ese sacrificio supremo. Como Juan continúa diciendo: "el que tiene bienes de este mundo y ve a su hermano tener necesidad, y cierra contra él su corazón, ¿cómo mora el amor de Dios en él?" (v. 17). Una persona que cree que su amor es lo bastante grande como para sacrificar su vida por hermanos en la fe, pero que no les ayuda en su tiempo de mayor necesidad, solo se engaña a sí mismo.

El verdadero amor *agápe* es una evidencia segura de salvación. "Nosotros sabemos que hemos pasado de muerte a vida", dice Juan, "en que amamos a los hermanos... Todo aquel que ama, es nacido de Dios, y conoce a Dios" (1 Jn. 3:14; 4:7). En ese mismo orden de ideas, como Juan lo aclara en repetidas ocasiones en la misma carta, mantener un espíritu no amoroso hacia otros cristianos es razón para que una persona ponga en duda su propia salvación (véase, por ejemplo 2:9, 11; 3:15; 4:8, 20).

Jesucristo es el ejemplo supremo de esta virtud suprema. No fue solo el amor del Padre sino también su propio amor lo que llevó a Jesús a poner su vida por nosotros, ya que su sacrificio de sí mismo es la demostración máxima del amor que da la vida por sus amigos. Además, antes de realizar el sacrificio supremo, Él demostró esa misma clase de amor abnegado de muchas otras maneras. Al ver Jesús a María y los demás que lloraban a causa de la muerte de Lázaro, Él también lloró (Jn. 11:33-35). No se afligió por el hecho de que Lázaro hubiera muerto, ya que se había propuesto llegar a Betania tras la muerte de su amigo querido, con el fin de demostrar su poder para levantarle de la tumba. Jesús lloró a causa de la gran destrucción y la miseria humana ocasionadas por el pecado, cuya paga final siempre es la muerte (Ro. 6:23).

Para los creyentes, el amor no es una opción sino un mandato. El apóstol Pablo declaró: "andad en amor, como también Cristo nos amó, y se entregó a sí mismo por nosotros, ofrenda y sacrificio a Dios en olor fragante" (Ef. 5:2). No obstante, el mandato no puede cumplirse aparte del Espíritu Santo, que la fuente de esa y todas las demás manifestaciones del fruto espiritual. Pablo explicó a los creyentes en Roma que "el amor de Dios ha sido derramado en nuestros corazones por el Espíritu Santo que nos fue dado" (Ro. 5:5), y fue por ese "amor en el Espíritu" que dio gracias por los creyentes en Colosas (Col. 1:8).

GOZO

La segunda manifestación del fruto del Espíritu es el gozo. *Jará* ("gozo") se emplea unas setenta veces en el Nuevo Testamento y siempre significa un sentimiento de felicidad basado en realidades espirituales. El gozo es un sentido profundo de bienestar que llena el corazón de una persona que sabe que todo está bien entre él y su Señor. No es una experiencia que venga como resultado de circunstancias favorables, ni siquiera una emoción humana creada por estimulación divina. Es el don de Dios para los creyentes. Como Nehemías declaró: "el gozo de Jehová es vuestra fuerza" (Neh. 8:10). El gozo es parte de la naturaleza misma de Dios y de su Espíritu que se manifiesta en sus hijos.

El gozo no solo es independiente de las circunstancias humanas favorables, sino que algunas veces es más grande y fuerte cuando esas circunstancias son más dolorosas y difíciles. Poco antes de su arresto y crucifixión, Jesús dijo a sus discípulos: "De cierto, de cierto os digo, que vosotros lloraréis y lamentaréis, y el mundo se alegrará; pero aunque vosotros estéis tristes, vuestra tristeza se convertirá en gozo" (Jn. 16:20). Para ilustrar esa verdad, Jesús comparó el gozo divino con una mujer a punto de dar a luz. "La mujer cuando da a luz, tiene dolor, porque ha llegado su hora; pero después que ha dado a luz un niño, ya no se acuerda de la angustia, por el gozo de que haya nacido un hombre en el mundo. También vosotros ahora tenéis tristeza; pero os volveré a ver, y se gozará vuestro corazón, y nadie os quitará vuestro gozo" (vv. 21-22).

El gozo de Dios es pleno y completo en todo sentido. Nada humano o circunstancial puede añadirle o quitarle. Sin embargo, no es completo en la vida de un creyente si no se mantiene la dependencia y la obediencia al Señor. "Pedid, y recibiréis", explicó Jesús a continuación, "para que vuestro gozo sea cumplido" (Jn. 16:24). Uno de los motivos de Juan para escribir su primera epístola fue "para que [este] gozo sea cumplido" (1 Jn. 1:4).

Jesús mismo es de nuevo nuestro ejemplo supremo. Él fue "varón de dolores, experimentado en quebranto" (Is. 53:3; cp. Lc. 18:31-33), pero tal como había prometido a sus discípulos, su tristeza se convirtió en gozo celestial: "por el gozo puesto delante de él sufrió la cruz, menospreciando el oprobio, y se sentó a la diestra del trono de Dios" (He. 12:2). A pesar de la incomprensión, el rechazo, el odio y el dolor que padeció por parte de los hombres durante su encarnación entre ellos, el Señor nunca perdió su gozo en la relación que tenía con su Padre, y ese gozo es el mismo que Él da a cada uno de sus seguidores.

Al hablar acerca de lo que sentimos por el Señor Jesucristo, Pedro escribió: "a quien amáis sin haberle visto, en quien creyendo, aunque ahora no lo veáis, os alegráis con gozo inefable y glorioso; obteniendo el fin de vuestra fe, que es la salvación de vuestras almas" (1 P. 1:8). El gozo fluye de manera inevitable como consecuencia de haber recibido a Jesucristo como Salvador, y por el conocimiento que el creyente tiene de su presencia continua en su vida.

Aunque el gozo es un regalo de Dios por medio de su Espíritu para quienes pertenecen a Cristo, también es algo que se les manda: "Regocijaos en el Señor siempre. Otra vez digo: ¡Regocijaos!" (Fil. 4:4; cp. 3:1). Puesto que el gozo viene como un don divino, es obvio que el mandato no implica que los creyentes tengan que fabricarlo o imitarlo. El cumplimiento del mandato consiste en aceptar y disfrutar con gratitud esta gran bendición que ya poseen, "porque el reino de Dios no es comida ni bebida, sino justicia, paz y gozo en el Espíritu Santo" (Ro. 14:17).

PAZ

Si el gozo alude al alborozo del corazón que viene como resultado de estar en la relación correcta con Dios, "paz" (*eirene*) se refiere a la tranquilidad de la mente que viene como resultado de esa relación de salvación. La forma verbal tiene que ver con juntar cosas y se refleja en la expresión moderna "tener los asuntos en orden". Todo se encuentra en su lugar, tal como debería estar.

Así como el gozo, la paz no tiene relación alguna con las circunstancias. Los cristianos saben "que a los que aman a Dios, todas las cosas les ayudan a bien, esto es, a los que conforme a su propósito son llamados" (Ro. 8:28). Puesto que Dios está en control de todos los aspectos de la vida de un creyente, cómo puedan presentarse sus circunstancias desde un punto de vista humano es, en última instancia, irrelevante. Por esa razón, Jesús pudo decir de manera incondicional a quienes confían en él: "No se turbe vuestro corazón" (Jn. 14:1). No existe una sola razón para que un creyente caiga presa de la ansiedad o el miedo.

Jesús fue el príncipe de la paz, tanto en el sentido de que es un ser lleno de paz suprema como en que Él dispensa su paz a los que son suyos. Aun al ser confrontado por Satanás cara a cara en el desierto, Jesús tuvo paz perfecta porque sabía que su Padre celestial estaba con Él todo el tiempo y haría provisión perfecta para todas sus necesidades (Mt. 4:1-11). Es su propia paz perfecta la que Él transfiere a sus discípulos: "La paz os dejo, mi paz os doy; yo no os la doy como el mundo la da. No se turbe vuestro corazón, ni tenga miedo" (Jn. 14:27).

"Lo que aprendisteis y recibisteis y oísteis y visteis en mí, esto haced", dijo Pablo; "y el Dios de paz estará con vosotros" (Fil. 4:9). Puesto que tienen al Dios de paz en sus corazones, los creyentes no necesitan "por nada [estar] afanosos", ya que tienen "la paz de Dios, que sobrepasa todo entendimiento", la cual guarda sus "corazones y [sus] pensamientos en Cristo Jesús" (vv. 6-7).

PACIENCIA

La palabra griega *makrothumía* que traducimos como "paciencia" tiene que ver con tolerancia y longanimidad frente a las ofensas y las heridas infligidas por otros, la disposición serena para aceptar las situaciones que son irritantes o dolorosas.

Dios mismo es "lento para la ira" (Sal. 86:15) y espera que sus hijos también lo sean. Así como los creyentes nunca deben menospreciar "las riquezas de su benignidad, paciencia y longanimidad"

(Ro. 2:4), también deberían manifestar en sus vidas esos atributos de su Padre celestial.

En los últimos días, incrédulos arrogantes se burlarán de los cristianos con preguntas como esta: "¿Dónde está la promesa de su advenimiento? Porque desde el día en que los padres durmieron, todas las cosas permanecen así como desde el principio de la creación" (2 P. 3:4). En sus mentes entenebrecidas por el pecado, los incrédulos no pueden ver que será como en los días de Noé, cuando Dios retrasó con paciencia el diluvio para dar a los hombres más tiempo de arrepentirse (1 P. 3:20). Es también por causa de su paciencia y misericordia que Él demora la segunda venida de Cristo y el juicio de los incrédulos que la acompaña, "no queriendo que ninguno perezca, sino que todos procedan al arrepentimiento" (2 P. 3:9).

Pablo confesó que, a pesar de haber sido el primero entre los pecadores, halló misericordia ante Dios "para que Jesucristo mostrase en mí el primero toda su clemencia, para ejemplo de los que habrían de creer en él para vida eterna" (1 Ti. 1:15-16).

Los creyentes tienen el mandato de imitar la paciencia de su Señor: "vestíos, pues, como escogidos de Dios, santos y amados, de entrañable misericordia, de benignidad, de humildad, de mansedumbre, de paciencia", en especial con los hermanos en la fe, "soportándoos con paciencia los unos a los otros en amor" (Ef. 4:2). Como Timoteo, todos los maestros y líderes cristianos deben ministrar "con toda paciencia y doctrina" (2 Ti. 4:2).

BENIGNIDAD

Jrestótes ("benignidad") tiene que ver con la consideración tierna hacia los demás. No se relaciona con debilidad o falta de convicción, sino que es el deseo genuino de tratar a los demás con benevolencia, tal como el Señor trata al creyente. Pablo recordó a los tesalonicenses que, a pesar de tener la autoridad que tenía como uno de los apóstoles, "fuimos tiernos entre vosotros, como la nodriza que cuida con ternura a sus propios hijos" (1 Ts. 2:6-7).

La benignidad de Jesús es el ejemplo del creyente. En cierta ocasión "le fueron presentados unos niños, para que pusiese las manos sobre ellos, y orase; y los discípulos les reprendieron. Pero Jesús dijo: Dejad a los niños venir a mí, y no se lo impidáis; porque de los tales es el reino de los cielos" (Mt. 19:13-14). En otra ocasión, Él dijo: "Venid a mí todos los que estáis trabajados y cargados, y yo os haré descansar. Llevad mi yugo sobre vosotros, y aprended de mí, que soy manso y humilde de corazón; y hallaréis descanso para vuestras almas" (Mt. 11:28-29).

Así como su Señor es benigno, a todo siervo suyo le manda que "no debe ser contencioso, sino amable para con todos... sufrido" (2 Ti. 2:24). Además, tal como lo hace con todas las demás manifestaciones de su fruto divino, el Espíritu Santo da a los hijos de Dios longanimidad y bondad que reproducen su propia benignidad divina (2 Co. 6:6).

BONDAD

Agathós ("bondad") tiene que ver con una excelencia moral y espiritual que se reconoce por su dulzura y compasión activas. Pablo contribuyó a la definición de esta virtud al observar que "ciertamente, apenas morirá alguno por un justo; con todo, pudiera ser que alguno osara morir por el bueno" (Ro. 5:7). Un cristiano puede mantener cierta rectitud moral sin manifestar la gracia de la bondad. Puede ser admirado y respetado por la excelencia de sus parámetros morales y hasta podría tener un amigo íntimo que estuviera dispuesto a arriesgar la vida por él, pero la persona recta que también tiene bondad tiene mucha mayor probabilidad de tener en su vida a personas dispuestas a sacrificarse por ella.

José fue un hombre que además de ser recto también fue bueno. Al enterarse de que María estaba embarazada sin saber todavía que era por el Espíritu Santo, "como era justo", no pudo considerar más la idea de casarse con ella, al suponer que ella le había sido infiel. Sin embargo, como también era un buen hombre, no pudo soportar la idea de infamar a su amada María y, por esa razón, "quiso dejarla secretamente" (Mt. 1:19).

David tenía un entendimiento profundo de la bondad de Dios, como lo revela de forma reiterada en sus salmos. "Ciertamente el bien y la misericordia me seguirán todos los días de mi vida, y en la casa de Jehová moraré por largos días", expresó con regocijo (Sal. 23:6). También confesó que, sin lugar a dudas: "hubiera yo desmayado, si no creyese que veré la bondad de Jehová en la tierra de los vivientes" (Sal. 27:13).

Como sucede con toda gracia divina provista por el Espíritu, los creyentes también reciben el mandato de dar ejemplo de bondad. Más adelante en la epístola, Pablo exhorta: "Así que, según tengamos oportunidad, hagamos bien a todos, y mayormente a los de la familia de la fe" (Gá. 6:10). "Por lo cual asimismo oramos siempre por vosotros", escribió a los tesalonicenses, "para que nuestro Dios os tenga por dignos de su llamamiento, y cumpla todo propósito de bondad y toda obra de fe con su poder" (2 Ts. 1:11).

FE

Pístis ("fe") también se puede traducir "fidelidad" y es la manifestación del fruto del Espíritu que se relaciona con los conceptos de lealtad y confiabilidad. Los "servidores de Cristo, y administradores de los misterios de Dios" deben ser como su Señor, de tal modo "que cada uno sea hallado fiel" (1 Co. 4:1-2). "Sé fiel hasta la muerte, y yo te daré la corona de la vida" (Ap. 2:10).

El Señor Jesús fue fiel hasta el punto que Él "se despojó a sí mismo, tomando forma de siervo, hecho semejante a los hombres; y estando en la condición de hombre, se humilló a sí mismo, haciéndose obediente hasta la muerte, y muerte de cruz". A su vez, en vista de la fidelidad de su Hijo, Dios el Padre "también le exaltó hasta lo sumo, y le dio un nombre que es sobre todo nombre" (Fil. 2:7-9).

Además, así como Él fue fiel cuando vino por primera vez a la tierra, será fiel en regresar tal "como le habéis visto ir al cielo" (Hch. 1:11). "Fiel es el que os llama", dijo Pablo, "el cual también lo hará" (1 Ts. 5:24). En su gran visión en Patmos, Juan vio a Cristo sentado sobre "un caballo blanco, y el que lo montaba se llamaba Fiel y Verdadero, y con justicia juzga y pelea" (Ap. 19:11).

MANSEDUMBRE

La palabra griega *praótes* incluye la idea de amabilidad, pero se traduce mejor como *mansedumbre*. En su provechoso libro *Sinónimos del Nuevo Testamento,* R. C. Trench escribe que *praótes* "no solo consiste en la conducta externa de una persona, tampoco en sus relaciones con sus semejantes y mucho menos en su mera disposición natural. Más bien es una gracia del alma entretejida en sus fibras más íntimas, cuyo ejercicio se dirige primero y por encima de todo a Dios. Es el temperamento espiritual que nos permite aceptar su trato hacia nosotros como bueno y, en consecuencia, lo hacemos sin debate ni resistencia".[2] Esa es la actitud humilde y amable que permite la sumisión paciente en medio de las ofensas, libre por completo de cualquier deseo de venganza o retribución.

De las nueve características del fruto del Espíritu, esta y la siguiente no se aplican a Dios como Dios el Padre. El Antiguo Testamento nunca se refiere a Dios como un ser manso, y en el Nuevo Testamento se atribuye mansedumbre solo al Hijo, pero nada más que durante su encarnación.

En el Nuevo Testamento, *praótes* se emplea para describir tres actitudes: sumisión a la voluntad de Dios (Col. 3:12), disposición

---

2. Richard C. Trench, *Synonyms of the New Testament,* (Grand Rapids: Eerdmans, 1953; reimp., s. c.: Aeterna, 2010), p.110.

a recibir la enseñanza de la Palabra de Dios (Stg. 1:21), y consideración de los demás (Ef. 4:2).

Aunque Él es Dios, mientras Jesús vivió en la tierra como el Hijo del Hombre, fue "manso [*praótes*] y humilde de corazón" (Mt. 11:29; cp. 21:5; 2 Co. 10:1). Al igual que su Señor, los creyentes deben procurar de manera activa ser mansos y amables (1 Ti. 6:11), y cubrirse con estas virtudes entrañables como un vestido (Col. 3:12).

TEMPLANZA

Enkráteia se refiere a la capacidad de control sobre las pasiones y los apetitos. Sin embargo, como sucede con la mansedumbre, esta gracia no se aplica a Dios, quien, como es obvio, no necesita controlarse a sí mismo. "Porque yo Jehová no cambio", nos informa el Señor (Mal. 3:6). En su ser eterno, el Señor "Jesucristo es el mismo ayer, y hoy, y por los siglos" (He. 13:8). La santidad perfecta posee un control perfecto.

Ahora bien, Cristo en su encarnación fue el epítome de la templanza y el dominio propio. Él nunca cayó en la tentación ni en la trampa de hacer o decir cualquier cosa que no estuviera de acuerdo con la voluntad de su Padre y su propia naturaleza divina. También como Jesús, todo creyente que lucha por ganar la carrera de la fe "de todo se abstiene" (1 Co. 9:25; cp. 7:9), "poniendo toda diligencia" para añadir a su "fe virtud; a la virtud, conocimiento; al conocimiento, dominio propio" (2 P. 1:5-6).

"TALES COSAS" NUNCA DAÑAN

"Contra tales cosas no hay ley", dice Pablo al final. Ni siquiera los incrédulos más obstinados hacen leyes en contra de tales cosas como las producidas por el fruto del Espíritu en la vida de los creyentes. El mundo no tiene leyes contra esa clase de conducta, más bien la valora y la premia. Aun si alguien llegara a considerar tales cosas como síntomas de debilidad, no puede dejar de reconocer que nunca hacen daño.

Por cierto, no hay ley de Dios contra "tales cosas", porque se trata de las mismas virtudes que Él quiere que tengan todos los hombres, y que Él les da tan pronto depositan su confianza en Jesucristo como Señor y Salvador. "Porque si estas cosas están en vosotros, y abundan", explica Pedro con relación a su lista similar de virtudes cristianas, "no os dejarán estar ociosos ni sin fruto en cuanto al conocimiento de nuestro Señor Jesucristo" (2 P. 1:8).

El creyente que anda en el Espíritu y manifiesta su fruto no necesita un sistema de ley para producir las actitudes y las conductas correctas, ya que estas brotan de su mismo interior.

La conquista

Pero los que son de Cristo han crucificado la carne con sus pasiones y deseos. Si vivimos por el Espíritu, andemos también por el Espíritu. (5:24-25)

Todas las personas que son de Cristo por fe en Él y su obra perfecta de salvación, "han crucificado la carne con sus pasiones y deseos". "Han crucificado la carne" es una declaración estratégica porque la crucifixión era un medio de ejecución. A excepción de cuatro, todos los usos del término en el Nuevo Testamento se refieren a la muerte de Jesucristo en la cruz. Tres de las excepciones ayudan a entender la cuarta, que se encuentra en el texto presente.

La primera de las tres se encuentra en la carta a los romanos, donde Pablo afirma que, en el momento de nuestra justificación, "nuestro viejo hombre fue crucificado juntamente con [Cristo]" (6:6). Las otras dos están en Gálatas, una antes y otra después de este texto. El apóstol dice: "Con Cristo estoy juntamente crucificado" (2:20), y cerca al final de la epístola, afirma que "el mundo me es crucificado a mí, y yo al mundo" (6:14).

En cada uno de esos tres pasajes, "crucificado" es una forma vívida y dramática de decir "muerto" o "ejecutado". En los primeros dos pasajes, Pablo enseña que, a la hora de la salvación, su identidad con el hombre viejo, pecaminoso y no regenerado fue ejecutada y ahora ha muerto a él, de tal modo que ha dejado de actuar como su amo para mantenerle en esclavitud. Por lo tanto, ahora es libre para servir al Señor.

Como es obvio, en ninguno de esos pasajes Pablo quiere dar a entender que la analogía de la crucifixión incluye la idea de aniquilación total, en la cual cesa toda influencia. El pecado todavía es una realidad en su vida, al igual que la tentación del mundo. La situación ha cambiado porque se ha roto el poder del viejo yo y del mundo, influencias que, a pesar de su existencia, ya no tienen dominio sobre la vida del creyente.

En el texto de Gálatas 5:24, Pablo dice que "la carne" ha sido ejecutada. Ahora, ¿cómo puede ser esto a la luz de lo que acaba de decir en este capítulo acerca de que los creyentes tienen una guerra constante con la carne a causa de su presencia constante? ¿En qué sentido muere la carne en la conversión?

No puede ser en el sentido completo y presente de la expresión, porque en ese caso contradice la realidad del conflicto espiritual continuo con la carne que se indica aquí y en Romanos 7:14-25. Tampoco puede ser que Pablo tenga en mente alguna interpretación futurista porque habría empleado el verbo en tiempo futuro con referencia al tiempo de la glorificación: "crucificarán la carne".

La mejor manera de entender esta verdad es considerar la frase "han crucificado" como una alusión a la cruz de Jesucristo, la cual, como acontecimiento del pasado, se ajusta al tiempo aoristo que Pablo utiliza aquí en la conjugación del verbo. Se trata de volver la mirada a la cruz, al momento en que se llevó a cabo la muerte de la carne. No obstante, como seguimos vivos en la tierra y todavía poseemos nuestra condición humana, todavía no hemos entrado a la plenitud futura del cumplimiento de ese acontecimiento pasado.

Mientras tanto, "la carne con sus pasiones y deseos está muerta" en el sentido de que ya no reina sobre nosotros ni nos mantiene en esclavitud y sin escape. Como una gallina cuya cabeza ha sido cortada, la carne ha recibido un golpe mortal pero sigue dando vueltas locas por el corral de la tierra hasta que cese la actividad del último de sus nervios.

Por cuanto la carne ha sido derrotada para siempre y ahora vivimos en una situación en la que Cristo reina sobre nosotros por su Espíritu, es nuestro deber vivir de acuerdo al Espíritu y no a la carne.

Debido a que los creyentes tienen vida nueva en Jesucristo, también deben tener una nueva *manera* de vivir. Si vivimos por el Espíritu, como lo hacemos, Pablo dice, "[andemos] en el Espíritu", como debemos hacerlo.

Capítulo 5

ANDEMOS EN OBEDIENCIA

1 JUAN 2:3-6

Y en esto sabemos que nosotros le conocemos, si guardamos sus mandamientos. El que dice: Yo le conozco, y no guarda sus mandamientos, el tal es mentiroso, y la verdad no está en él; pero el que guarda su palabra, en éste verdaderamente el amor de Dios se ha perfeccionado; por esto sabemos que estamos en él. El que dice que permanece en él, debe andar como él anduvo. (2:3-6)

"La seguridad", escribió Thomas Brooks, el puritano inglés del siglo XVII, "es un acto reflejo de un alma compasiva, por cuyo medio se ve de forma clara y evidente en un estado misericordioso y bendecido; es un sentimiento sensible, y un discernimiento experimental [experiencial] de un individuo que se halla en estado de gracia".[1]

Antes Brooks había comparado la seguridad a un arca: "La seguridad es un arca del creyente, donde se sienta, al igual que Noé, tranquilo incluso en medio de todas las distracciones y destrucciones, conmociones y confusiones".[2]

La seguridad da lugar a que los creyentes se regocijen con el

---

1. Thomas Brooks, *Heaven on Earth: A Treatise on Christian Assurance* (reimp.; Edinburgh: Banner of Truth, 1982), p. 14.
2. Ibíd., p. 11.

escritor del himno: "¡Seguridad bendita, Jesús es mío! ¡Oh, que anticipación de la gloria divina!". Tener seguridad es en cierto sentido experimentar el cielo en la tierra.

LA LUCHA POR LA SEGURIDAD

Pero tristemente, como Brooks pasa a lamentarse, la seguridad "es una perla que la mayoría desea, una corona que pocos llevan... Poca seguridad bien fundamentada... se encuentra entre la mayoría de cristianos. La mayoría de los cristianos viven entre temores y esperanzas, y penden, por así decirlo, entre el cielo y el infierno; a veces confían en que su situación sea buena, en otras ocasiones temen que su condición sea mala".[3]

La seguridad no es solo un privilegio; también es un derecho básico que los cristianos poseen como miembros del Cuerpo de Cristo (Ro. 5:1; 8:16; cp. Sal. 4:3; Jn. 10:27-29; Fil. 1:6; 1 Ts. 1:4). Por otra parte, no tener seguridad, y por tanto dudar de la salvación propia, produce incertidumbre y temor que a su vez provoca desdicha y desesperación.

Aunque la seguridad de la salvación es parte de la redención y es vital para el gozo y el consuelo, la Palabra de Dios enseña que es posible perder el derecho a ella, a menos que se la busque. El apóstol Pedro escribió: "Por lo cual, hermanos, tanto más procurad hacer firme vuestra vocación y elección" (2 P. 1:10; cp. He. 10:22). Pedro reveló que esta certeza llega a quienes van tras todas las características de la santidad con creciente diligencia (vv. 5-8).

No obstante, a pesar de tales mandatos bíblicos, muchos en el cristianismo contemporáneo simplemente ignoran el sentido bíblico de la seguridad. Con frecuencia los maestros les aseveran que, si han repetido cierta oración, si han pasado adelante en una reunión evangelística, si han hecho una profesión de fe, si han dado asentimiento mental al evangelio, o incluso si se han bautizado,

---

3. Ibíd., pp. 15, 11.

definitivamente son salvos y nunca deberían cuestionar su salvación. Tales personas no quieren examinarse como la Biblia enseña (2 Co. 13:5), porque razonan que, al hacerlo, podrían dañar sus frágiles autoestimas o hacerlos sentir culpables de dudar de Dios. Como resultado, a menudo todo el asunto de la seguridad no se enfatiza o se le hace caso omiso por completo.

Pero ese no siempre ha sido el caso. A través de la historia de la Iglesia, la seguridad personal de la salvación ha sido un asunto importante.[4] Por un lado, el catolicismo romano siempre ha negado rotundamente la posibilidad de la seguridad de la salvación. Esta perspectiva se deriva de la herejía católica de que la salvación es un esfuerzo conjunto entre Dios y los pecadores. Dios siempre hará su parte, pero el pecador tal vez no siga haciendo la suya; por tanto, nadie puede estar seguro de la salvación en esta vida. En las palabras del Concilio de Trento (1545-63), cualquier "seguridad del creyente en el perdón de sus pecados es una confianza vana e impía".[5] El cardenal Roberto Belarmino, un teólogo jesuita de esa época, afirmó una vez que la seguridad es "un error fundamental de los herejes".[6] En otras palabras, según el catolicismo romano, nadie puede saber con certeza si ha recibido o no la salvación hasta el más allá, y pensar que sí puede tenerla es herejía.

Cuando los reformadores protestantes del siglo XVI recuperaron el verdadero evangelio de Roma y reafirmaron la doctrina bíblica de la salvación, también expusieron con precisión el tema de la seguridad. Contrario a la teología romana, ellos estaban convencidos por medio de la Biblia que los creyentes pueden y deben disfrutar la confiada esperanza de la salvación. Juan Calvino enseñó correctamente que tal confianza no es una adición a la fe

---

4. Véase John MacArthur, *El evangelio según los apostoles* (El Paso, TX: Casa Bautista de Publicaciones, 2017), cap. 10.

5. Tal como se cita en J. C. Ryle, *Holiness* (1877, 1879; reimp., Moscow, Idaho: Charles Nolan Publishers, 2002), p- 123.

6. Ibíd., n. 1.

sino que en realidad es la esencia de la fe, ya que quienes confían de veras en el evangelio lo hacen porque intrínsecamente disfrutan una medida de seguridad en este.

Cuando las personas experimentan fe salvadora, reconocen tanto la verdad del evangelio como la maldad de su condición pecadora (cp. Ef. 2:4-6), y se arrepienten de sus pecados y aceptan a Jesucristo como Salvador y Señor (Lc. 18:13; Hch. 2:37-39; cp. 8:35-37; 16:27-34). Cuando esa obra divina (de conversión y regeneración) tiene lugar (Hch. 11:18; 16:14; 18:27), motivados por el Espíritu Santo, los creyentes sienten su recién hallada fe y están seguros de su salvación basándose en las promesas de la Biblia (p. ej., Lc. 18:14; Jn. 1:12-13; 3:16; 6:37; 10:9; Hch. 13:38-39; Ro. 10:9-13). Al exhibir las promesas de Dios sobre las cuales reposa la salvación, la Palabra de Dios provee a los creyentes una fuente objetiva de seguridad; adicionalmente, el Espíritu Santo ofrece seguridad subjetiva a través del fruto espiritual manifiesto.

Casi un siglo después de Calvino, los escritores de la Confesión de Fe de Westminster (1648) compusieron el siguiente párrafo:

Esta seguridad infalible no pertenece a la esencia de la fe, pero puede ser que un verdadero creyente tenga que esperar mucho tiempo y luchar con muchas dificultades antes de ser partícipe de esta seguridad. Sin embargo, al estar habilitado por el Espíritu Santo para conocer lo que Dios le da gratuitamente, el creyente puede obtenerlo por el uso correcto de los medios ordinarios sin una revelación extraordinaria. Por tanto, es deber de cada uno dedicarse con toda diligencia a asegurar su llamamiento y su elección, para que así su corazón se ensanche de gozo y paz en el Espíritu Santo, en amor y gratitud a Dios, y en fortaleza y alegría en los deberes de la obediencia, que son los frutos propios de esta seguridad; hasta el momento, esa seguridad está muy lejos de inducir a los seres humanos a la negligencia (capítulo XVIII, artículo III).

Yendo un poco más allá de algunos de los primeros reformadores (que principalmente se habían enfocado en refutar a Roma), los teólogos de Westminster dirigieron las tendencias antinomianas de su época haciendo hincapié en la seguridad subjetiva, además de la enseñanza de Juan Calvino (y de la Biblia) sobre la seguridad objetiva. Destacaron el examen personal que llevaba a que los creyentes reconocieran evidencias prácticas en sus vidas de obediencia a la ley moral y los mandamientos de Dios. Pero algunos en la iglesia presionaron con exageración la idea de Westminster de que "un verdadero creyente tiene que esperar mucho tiempo y luchar con muchas dificultades" antes de poder tener seguridad plena. Por ejemplo, la sobria y minuciosa predicación de los puritanos ingleses del siglo XVII ocasionó que, por lo general, mucha gente careciera de seguridad, sin poder disfrutar de confianza incluso respecto al fruto evidente de la salvación. En consecuencia, algunos se volvieron temerosos, inseguros y obsesionados con introspección morbosa, rigurosa examinación personal, y fuertes dudas en cuanto a si eran elegidos o no, o incluso a que pudieran serlo. Los pastores puritanos escribieron muchos tratados para exhortar, animar y consolar a tales almas atribuladas, predicando especialmente lo que el apóstol Pablo escribió con relación al testimonio del Espíritu:

> Porque todos los que son guiados por el Espíritu de Dios, éstos son hijos de Dios. Pues no habéis recibido el espíritu de esclavitud para estar otra vez en temor, sino que habéis recibido el espíritu de adopción, por el cual clamamos: ¡Abba, Padre! El Espíritu mismo da testimonio a nuestro espíritu, de que somos hijos de Dios (Ro. 8:14-16).

El testimonio de esta seguridad conlleva la obra del Espíritu Santo en la conciencia y las emociones de los creyentes para que sientan el gozo del perdón y anhelen estar en la presencia de Dios, como niños con un padre amado. Ellos sienten cómo el Espíritu los guía y los dirige (1 Co. 2:14-16; Gá. 5:16-18, 25; cp. Lc. 24:44-45; Ef. 1:17-19; 3:16-19; Col. 1:9), no por medio de sabiduría y discernimiento propio, sino a través de concederles el deseo de vivir de manera piadosa y de obedecer las Escrituras.

Sin lugar a dudas, la Biblia enseña con toda claridad que los verdaderamente salvos nunca pueden perder su salvación (cp. Jn. 10:28). Han sido sellados de modo permanente con el Espíritu Santo (Ef. 1:13), y nada puede separarlos del amor de su Salvador (Ro. 8:38-39). Sin embargo, al mismo tiempo, la Palabra de Dios también manda que todo cristiano profesante debe examinar su vida para ver si la salvación que ha afirmado es realmente auténtica (2 Co. 13:5). Si en realidad la salvación es verdadera, habrá señales de que el Espíritu está obrando en la vida de esa persona, tanto en actitud como en comportamiento. La Biblia se refiere a estas actitudes como "el fruto del Espíritu". Pablo las enumera en Gálatas 5:22-23, que estudiamos en el capítulo anterior. En sentido subjetivo, la seguridad de la salvación llega al examinar la propia vida y ver si hay evidencia de la obra del Espíritu en las actitudes. Tales disposiciones espirituales se manifiestan en acciones correspondientes de "amor, gozo, paz", etc., en sumisión a los mandatos de las Escrituras.

El propósito de Juan al escribir esta epístola se expresa claramente en 5:13: "Estas cosas os he escrito a vosotros que creéis en el nombre del Hijo de Dios, para que sepáis que tenéis vida eterna". El apóstol escribió para dar seguridad de la salvación a quienes de otro modo podrían llegar a dudar. Por eso en nuestro pasaje clave de 2:3-6, Juan enfoca la seguridad manifiesta, desde la perspectiva de la obediencia, la cual constituye evidencia visible y objetiva de que alguien es cristiano. Ese es un elemento crucial en la prueba moral de Juan para los creyentes, un aspecto que él divide en tres secciones: la prueba especificada, la prueba aplicada y la prueba ejemplificada.

La prueba especificada

Y en esto sabemos que nosotros le conocemos, si guardamos sus mandamientos. (2:3)

"Y en esto" es una frase de transición que Juan usa para presentar un nuevo conjunto de pruebas que verifican la salvación y estimulan la seguridad. El apóstol presentó a sus lectores algunos aspectos adicionales por medio de los cuales podían verificar que estaban andando en la luz y que tenían una verdadera relación con Dios.

Juan expone el caso con certeza; no dice "esperamos", "creemos" o "deseamos", sino "sabemos". "Sabemos" es la traducción del tiempo presente del verbo *ginósko,* y significa percibir continuamente algo por experiencia. La seguridad viene al obedecer los "mandamientos" de Dios en la Biblia. Quienes no los obedecen pueden y deben preguntarse si son convertidos y si el Espíritu Santo los está dirigiendo de veras. Pero los creyentes obedientes podemos estar seguros de "que nosotros le conocemos" (a Cristo). El tiempo perfecto del verbo *ginósko* ("le conocemos") recuerda una acción pasada (creer en Jesucristo para salvación) que tiene resultados continuos en el presente.

El conocimiento del que Juan habla no es el místico conocimiento "oculto" del gnosticismo (que promovía un conocimiento secreto y trascendental cuyos poseedores eran miembros de una fraternidad religiosa elitista), el conocimiento racionalista de la filosofía griega (que enseñaba que la razón humana podía desbloquear sin ayuda alguna los misterios del universo, tanto natural como sobrenatural), ni el conocimiento experiencial del hedonismo (que afirmaba que la verdad definitiva se descubría al experimentar los placeres del mundo físico). En cambio, Juan habla del conocimiento salvador de Cristo que viene de estar en una relación correcta con Él. Entonces el planteamiento del apóstol es que la obediencia externa proporciona evidencia de si se ha producido o no una realidad interna y transformadora, que viene al conocer a Jesucristo en la salvación.

Al escribir a Tito, Pablo resalta la diferencia entre el conocimiento falso y el verdadero: "[Algunos] profesan conocer a Dios, pero con los hechos lo niegan, siendo abominables y rebeldes, reprobados en cuanto a toda buena obra" (Tit. 1:16; cp. 2 Ti. 3:5, 7).

Pero ese no es el caso de la fe cristiana que Juan y los otros apóstoles enseñaron. Las personas que conocen de verdad a Dios son aquellas que buscan vidas santas y coherentes con el nuevo pacto de Dios. El profeta Jeremías explicó la naturaleza de ese pacto:

> He aquí que vienen días, dice Jehová, en los cuales haré nuevo pacto con la casa de Israel y con la casa de Judá. No como el pacto que hice con sus padres el día que tomé su mano para sacarlos de la tierra de Egipto; porque ellos invalidaron mi pacto, aunque fui yo un marido para ellos, dice Jehová. Pero este es el pacto que haré con la casa de Israel después de aquellos días, dice Jehová: Daré mi ley en su mente, y la escribiré en su corazón; y yo seré a ellos por Dios, y ellos me serán por pueblo. Y no enseñará más ninguno a su prójimo, ni ninguno a su hermano, diciendo: Conoce a Jehová; porque todos me conocerán, desde el más pequeño de ellos hasta el más grande, dice Jehová; porque perdonaré la maldad de ellos, y no me acordaré más de su pecado (Jer. 31:31-34).

El pueblo del nuevo pacto tiene la ley de Dios escrita en sus corazones, y lo que hay en el corazón de un individuo controla cómo vive. Así observó el escritor de Proverbios: "Porque cual es su pensamiento en su corazón, tal es él" (Pr. 23:7; cp. 2:10; 3:1; 4:4, 23; Sal. 40:8; 119:10-11; Mt. 6:21; 12:34-35; Ro. 6:17). Israel ilustra bien la relación entre conocer a Dios y obedecerle. Aunque la nación afirmaba conocerlo, demostró lo vacío de esa afirmación con su continua desobediencia (Éx. 32:9; Nm. 14:11; 25:3; Dt. 9:7, 24; 32:16; Is. 1:2, 4; 2:8; 29:13; Jer. 2:11-13; 3:6-8; 6:13; 8:5; 31:32; Ez. 16:59; 33:31; Mt. 15:7-9; Hch. 13:27; Ro. 10:3; 2 Co. 3:13-15). Por supuesto, la obediencia que acompaña a la salvación no es legalista, impuesta exteriormente, ni observada de manera superficial e hipócrita; es una actitud de obediencia activa que brota de la verdad aceptada interiormente, siguiendo lo que el Espíritu Santo está revelando de esa verdad a través de la Palabra. Aunque los creyentes aún batallan con el pecado (cp. Job 13:23; Sal. 19:13; Ro. 8:13; He. 12:1, 4), pueden estar de acuerdo con Pablo, quien escribió:

> Así que, queriendo yo hacer el bien, hallo esta ley: que el mal está en mí. Porque según el hombre interior, me deleito en la ley de Dios; pero veo otra ley en mis miembros, que se rebela contra la ley de mi mente, y que me lleva cautivo a la ley del pecado que está en mis miembros. ¡Miserable de mí! ¿quién me librará de este cuerpo de muerte? Gracias doy a Dios, por Jesucristo Señor nuestro. Así que, yo mismo con la mente sirvo a la ley de Dios, mas con la carne a la ley del pecado (Ro. 7:21-25).

La palabra traducida "guardamos" (una forma del verbo *teréo*) resalta la idea de una obediencia vigilante y activa. También se puede traducir "cumplir" y, en este contexto, significaría cumplimos sus mandamientos. Puesto que "guardamos" es un subjuntivo presente activo, transmite el sentido de que los creyentes salvaguardan continuamente los mandamientos porque los consideran valiosísimos (5:3; Esd. 7:10; Sal. 19:7-8; 119:1, 34, 77, 97, 113, 165; Ro. 7:22). Juan no quería que sus lectores se conformaran con una norma mínima o marginal de justicia. Más bien, el apóstol resalta una obediencia amplia que proviene de una verdadera reverencia por los mandatos de Dios (Sal. 119:66, 172; cp. Hch. 17:11; Stg. 1:25). "Mandamientos" viene de *entolé* ("requerimiento judicial", "orden" o "mandato"), no *nómos* ("ley"). El término no se refiere a la ley mosaica sino a los preceptos y directrices de Cristo (cp. Mt. 28:19-20). Pero por supuesto, los preceptos morales y espirituales que enseñó el Señor son coherentes con los revelados a Moisés (cp. Mt. 5:17-18; Jn. 5:46), y todos reflejan la naturaleza inmutable de Dios.

Bajo el nuevo pacto, Dios acepta la obediencia amorosa y sincera, aunque imperfecta, de los creyentes (cp. 1 R. 8:46; Pr. 20:9), y les perdona su desobediencia (cp. Sal. 65:3; 103:3; Is. 43:25). Por la gracia de Dios, ellos muestran una devoción constante y sincera a la mente de Cristo (1 Co. 2:16; cp. Os. 6:6) como se revela en la Palabra (Sal. 1:1-2; 112:1; 119:1-2; Is. 48:17-18; Lc. 11:28). Esa obediencia voluntaria a las Escrituras en la vida diaria es un indicador fiable, tanto para nosotros mismos como para los demás, de que hemos llegado a un conocimiento salvador de Jesucristo (cp. Mt. 7:21; Jn. 8:31; 14:21). Esto distingue a los no arrepentidos de los regenerados; Pablo llamó a los no arrepentidos "hijos de desobediencia" (Ef. 2:2), mientras que Pedro identificó a los regenerados "como hijos obedientes" (1 P. 1:14).

La obediencia que honra a Dios es realmente un reflejo del amor genuino; según escribió Juan más adelante en esta epístola: "En esto conocemos que amamos a los hijos de Dios, cuando amamos a Dios, y guardamos sus mandamientos. Pues este es el amor a Dios, que guardemos sus mandamientos; y sus mandamientos no son gravosos" (5:2b-3). Pero este principio no era nuevo para Juan, pues lo había oído de Jesús años antes en el aposento alto y lo registró en su evangelio:

"Si me amáis, guardad mis mandamientos" (Jn. 14:15).

"El que tiene mis mandamientos, y los guarda, ése es el que me ama; y el que me ama, será amado por mi Padre, y yo le amaré, y me manifestaré a él" (14:21).

"Respondió Jesús y le dijo: El que me ama, mi palabra guardará; y mi Padre le amará, y vendremos a él, y haremos morada con él. El que no me ama, no guarda mis palabras; y la palabra que habéis oído no es mía, sino del Padre que me envió" (14:23-24).

"Si guardareis mis mandamientos, permaneceréis en mi amor; así como yo he guardado los mandamientos de mi Padre, y permanezco en su amor" (15:10).

LA PRUEBA APLICADA

El que dice: Yo le conozco, y no guarda sus mandamientos, el tal es mentiroso, y la verdad no está en él; pero el que guarda su palabra, en éste verdaderamente el amor de Dios se ha perfeccionado; por esto sabemos que estamos en él. (2:4-5)

En consonancia con el apodo de Boanerges ("Hijos del trueno") que Jesús les dio a él y a su hermano Jacobo, Juan explota ante todo aquel "que dice: Yo conozco" a Cristo pero que "no guarda sus mandamientos". Así como había advertido antes en 1:6: "Si decimos que tenemos comunión con él, y andamos en tinieblas, mentimos, y no practicamos la verdad", Juan vuelve a advertir que la afirmación que tales personas hacían de estar en comunión es totalmente infundada. Cualquiera que afirma eso y vive en desobediencia es mentiroso. El lenguaje fuerte del apóstol expone el peligro del autoengaño en cuanto a la salvación, que es condenador para los que no se dan cuenta de su ceguera, no se arrepienten de sus pecados, y no aceptan la verdad (cp. Gá. 6:7; Tit. 3:3).

Está claro que quienes están en el reino de Dios oyen su voz y la obedecen. Jesús le advirtió a Poncio Pilato: "Todo aquel que es de la verdad, oye mi voz" (Jn. 18:37; cp. 1 Jn. 3:18-19). En marcado contraste, quienes no obedecen los mandamientos demuestran que "la verdad no está en" ellos. Por tanto, Juan puso al descubierto la pretensión vacía de aquellos que suponían que habían ascendido a un nivel más elevado de la "verdad divina". Para tales falsos maestros, presentes con los lectores, su supuesto conocimiento los elevaba por sobre los asuntos terrenales prosaicos y hacían innecesaria toda preocupación por la conducta moral o la vida piadosa. Pero como Santiago declaró: "Así también la fe, si no tiene obras, es muerta en sí misma... Porque como el cuerpo sin espíritu está muerto, así también la fe sin obras está muerta" (Stg. 2:17, 26; cp. Ef. 2:10; He. 12:14; 1 P. 1:14-16). Aquellos cuya fe es verdadera obedecen la verdad.

El versículo 5 se aplica entonces de forma positiva a la prueba de la seguridad. El que con sinceridad y cariño "guarda su palabra, en éste verdaderamente el amor de Dios se ha perfeccionado". Es mejor entender la frase traducida "el amor de Dios" como un genitivo objetivo, que significa "el amor *por* Dios". Juan describe el amor verdadero que los creyentes tienen por Dios como algo que "se ha perfeccionado", no en el sentido de perfección acabada, sino de salvación cumplida. Es más, este verbo griego *teteleiotai* se tradujo "acabe" en Juan 4:34; "cumpliese" en Juan 5:36; y "he acabado" en Juan 17:4. Incluso puede significar "dar comienzo a". La concesión sobrenatural de este amor (Ro. 5:5) resulta en obediencia a la Biblia, y no es simplemente una experiencia emocional o mística.

Es por este amor verdadero que los creyentes sabemos que estamos en él. La frase breve "en Él" [Cristo] aparece en varios lugares del Nuevo Testamento (vv. 8, 27-28; 3:6; 4:13; 5:20; 1 Co. 1:5; 2 Co. 5:21; Ef. 1:4, 7, 13; 4:21; Fil. 3:9; Col. 2:6-7, 10-11; 2 Ts. 1:12; cp. Col. 1:28) e indica una verdad central de la fe cristiana. El comentarista John Stott resume así este significado:

> Todo el contexto, y en especial el versículo 6, sugieren que la frase *en él* se refiere de nuevo a Cristo. Estar "en Cristo" es la descripción característica que Pablo hace del cristiano. Pero Juan también usa ambas formas. Estar (o "permanecer" del versículo 6) "en" Él equivale

a "conocerlo" (3, 4) y "amarlo" (5). Ser cristiano consiste en esencia de una relación personal con Dios en Cristo, conociéndolo, amándolo y permaneciendo en Él así como el pámpano permanece en la vid (Jn. 15:1ss.). Este es el significado de "vida eterna" (Jn. 17:3; 1 Jn.5:20).[7]

LA PRUEBA EJEMPLIFICADA

El que dice que permanece en él, debe andar como él anduvo. (2:6)

La única persona que puede pasar la prueba de obediencia y hacer realidad la plena seguridad es la "que permanece en él", porque Jesucristo es el modelo perfecto para obedecer al Padre. En Juan 15:4-5, Jesús mandó:

Permaneced en mí, y yo en vosotros. Como el pámpano no puede llevar fruto por sí mismo, si no permanece en la vid, así tampoco vosotros, si no permanecéis en mí. Yo soy la vid, vosotros los pámpanos; el que permanece en mí, y yo en él, éste lleva mucho fruto; porque separados de mí nada podéis hacer (cp. vv. 10-11).

Los creyentes obtienen vida espiritual del Señor Jesucristo, así como las ramas lo sacan de una vid. Permanecer en Cristo es mantenerse en Él; no se trata de una unión temporal y superficial sino de una relación permanente y profunda (cp. Lc. 9:23; Jn. 6:53-65; Fil. 1:6; 2:11-13). Tal permanencia auténtica en el Salvador caracteriza a quienes permanecen "fundados y firmes en la fe, y sin [moverse] de la esperanza del evangelio que [han] oído" (Col. 1:23; cp. 2:7; Ef. 3:17), porque son realmente regenerados: nuevas criaturas que poseen vida eterna irrevocable.

Juan dejó bien claro que todo aquel que afirma vivir en Cristo

---

7. John Stott, *The Epistles of John*, The Tyndale New Testament Commentaries (Grand Rapids: Eerdmans, 1964), p. 91; cursivas en el original.

"debe andar como él anduvo". "Andar" es una metáfora para la conducta diaria del creyente (1:7; Jn. 8:12; 12:35; Ro. 6:4; 8:4; 1 Co. 7:17; 2 Co. 5:7; Gá. 5:16; Ef. 2:10; 4:1; 5:2, 8; Col. 1:10; 2:6; 1 Ts. 2:12; 4:1; 2 Jn. 6; cp. Mr. 7:5). El Señor mismo ejemplificó a la perfección este principio durante su ministerio terrenal. Él obedeció la voluntad de su Padre en toda manera:

> Porque he descendido del cielo, no para hacer mi voluntad, sino la voluntad del que me envió (Jn. 6:38).

> Porque el que me envió, conmigo está; no me ha dejado solo el Padre, porque yo hago siempre lo que le agrada (Jn. 8:29).

> Por eso me ama el Padre, porque yo pongo mi vida, para volverla a tomar. Nadie me la quita, sino que yo de mí mismo la pongo. Tengo poder para ponerla, y tengo poder para volverla a tomar. Este mandamiento recibí de mi Padre (Jn. 10:17-18).

> Mas para que el mundo conozca que amo al Padre, y como el Padre me mandó, así hago (Jn. 14:31).

Obviamente, la obediencia de los creyentes no será perfecta, como fue la de Jesús. Sin embargo, Él estableció el modelo ideal que ellos deben seguir. Si alguno afirma conocerlo y morar en Él, esto será evidente en la vida de esa persona. Andará en la luz —en el reino de la verdad y la santidad— y guardará (obedecerá) los mandamientos del Señor debido a su apasionado amor por la verdad y por el Señor de la verdad. Ahí radica la clave para la verdadera seguridad de la salvación.

Capítulo 6

---◦∞◦---

ANDEMOS EN AMOR

EFESIOS 5:1-7

Sed, pues, imitadores de Dios como hijos amados. Y andad en amor, como también Cristo nos amó, y se entregó a sí mismo por nosotros, ofrenda y sacrificio a Dios en olor fragante. Pero fornicación y toda inmundicia, o avaricia, ni aun se nombre entre vosotros, como conviene a santos; ni palabras deshonestas, ni necedades, ni truhanerías, que no convienen, sino antes bien acciones de gracias. Porque sabéis esto, que ningún fornicario, o inmundo, o avaro, que es idólatra, tiene herencia en el reino de Cristo y de Dios. Nadie os engañe con palabras vanas, porque por estas cosas viene la ira de Dios sobre los hijos de desobediencia. No seáis, pues, partícipes con ellos. (5:1-7)

En este pasaje, Pablo presenta primero las verdades positivas acerca de la vida piadosa verdadera y luego las verdades negativas acerca del amor falso de Satanás y sus consecuencias.

LA PETICIÓN

Sed, pues, imitadores de Dios como hijos amados. Y andad en amor, (5:1-2a)

El andar, o conducta, del creyente es un asunto crucial para Pablo. El apóstol presentó el hecho de que nuestro deber es un andar digno (4:1) y diferente al del mundo (4:17). También hará un llamado a un andar en la luz (5:8) y un andar en sabiduría (5:15). En este versículo, el apóstol pide a los creyentes que anden de tal manera que su vida diaria sea caracterizada por el amor. Crecer en amor es una necesidad continua para todo creyente, puesto que el amor cumple toda la ley de Dios (Ro. 13:8-10). A medida que crecemos en amor, también vemos la necesidad de ser todavía más amorosos, y ya que el amor como lo define la Biblia es tan contrario a la carne, siempre tenemos la necesidad de que se nos recuerde y estimule a amar.

Imitemos a la Fuente

El "pues" se refiere a la última parte del capítulo 4, en especial el versículo 32. La benignidad, la misericordia y el perdón son característicos de Dios, quien *es* amor. Dios mismo es infinitamente benigno, misericordioso y perdonador, y la manera como alcanzamos esas virtudes es imitando su Fuente suprema.

Mimetés ("imitadores") es el término del cual se deriva mímica y *mimo,* aquella persona que copia y reproduce características específicas de otra persona. Como "imitadores de Dios", los cristianos han de imitar las características de Dios, sobre todo su amor. El todo de la vida cristiana es la reproducción de la piedad tal como se ve en la persona de Cristo. El propósito de Dios con la salvación es redimir a los hombres del pecado y hacerles "conformes a la imagen de su Hijo" (Ro. 8:29). Ser conformados a Cristo equivale a llegar a ser perfectos tal como Dios es perfecto (Mt. 5:48). "Como hijos obedientes", nos dice Pedro, "no os conforméis a los deseos que antes teníais estando en vuestra ignorancia; sino, como aquel que os llamó es santo, sed también vosotros santos en toda vuestra manera de vivir; porque escrito está: Sed santos, porque yo soy santo" (1 P. 1:14-16; cp. Lv. 11:44). La gran esperanza de los creyentes es esta: "sabemos que cuando él se manifieste, seremos semejantes a él, porque le veremos tal como él es" (1 Jn. 3:2). Imitar su amor es posible porque "el amor de Dios ha sido derramado en nuestros corazones por el Espíritu Santo que nos fue dado" (Ro. 5:5).

Cuando Alejandro Magno descubrió a un cobarde en su ejército que también se llamaba Alejandro, le dijo a ese soldado: "Renuncia a tu cobardía o renuncia a tu nombre". Quienes llevan el nombre de Dios deben ser imitadores de su carácter. Por su gracia es posible reflejarle aun en nuestras limitaciones del presente.

Para saber cómo es Dios debemos estudiar su Palabra, su revelación y su gran presentación de sí mismo. No obstante, cuanto más aprendemos del carácter de Dios, más aprendemos cuán lejos está Él por encima de nosotros y cuán imposible es en nosotros mismos cumplir el mandato de ser como Él, de tener perfección absoluta como la suya en nuestra vida. Por esa razón, necesitamos "el ser fortalecidos con poder en el hombre interior por su Espíritu" con el fin de ser "llenos de toda la plenitud de Dios" (Ef. 3:16, 19). La única manera en que podemos convertirnos en imitadores de Dios es que el Señor Jesucristo viva su vida perfecta a través de nosotros. Dependemos por completo de su Espíritu para llegar a ser semejantes a Él. Si vamos a obedecer la exhortación de Pablo a los corintios: "Todas vuestras cosas sean hechas en amor" (1 Co. 16:14), debemos someternos a la influencia controladora del Espíritu.

Es natural que los hijos sean semejantes a sus padres. Tienen la naturaleza de sus padres y de manera instintiva imitan las acciones y conducta de sus padres. Por medio de Jesucristo, Dios nos ha dado el derecho de llegar a ser sus hijos (Jn. 1:12; Gá. 3:26). Como Pablo declaró al principio de esta carta, Dios ya nos había "predestinado para ser adoptados hijos suyos por medio de Jesucristo, según el puro afecto de su voluntad" (Ef. 1:5). Debido a que nuestro Padre celestial es santo, nosotros hemos de ser santos. Porque

Él es benigno, debemos ser benignos. Porque Él es perdonador, nosotros debemos ser perdonadores. Por cuanto Dios en Cristo se humilló a sí mismo, nosotros hemos de humillarnos. Puesto que Dios es amor, nosotros como sus hijos amados debemos andar en amor. Sin embargo, esta capacidad no es natural sino sobrenatural, lo cual requiere una naturaleza nueva y el poder continuo del Espíritu Santo que fluye por medio de nosotros por la obediencia a la Palabra de Dios.

La evidencia más grande de amor: el perdón no merecido

La evidencia más grande de amor es el perdón no merecido. El acto supremo del amor de Dios fue dar "a su Hijo unigénito, para que todo aquel que en él cree, no se pierda, mas tenga vida eterna" (Jn. 3:16). El amor de Dios trajo el perdón del hombre. Dios amó al mundo con un amor tan grande que ofreció perdón a la humanidad rebelde, desventurada y vil enviando a su propio Hijo a dar su vida en la cruz para que los seres humanos no sufrieran la muerte eterna. Él ofreció al mundo el don gratuito de la comunión eterna con Él.

Debido a que el perdón es la evidencia suprema del amor de Dios, también será la prueba más convincente de nuestro amor. El amor siempre nos llevará a perdonar a otros, así como el amor llevó a Dios en Cristo a perdonarnos (Ef. 4:32). Nada demuestra con mayor claridad un corazón endurecido y carente de amor que la falta de perdón. La falta de perdón hace evidente la falta de amor (4:31). La presencia de perdón siempre demuestra la presencia de amor, porque solo la persona con amor verdadero tiene motivación y poder para perdonar. El alcance de nuestro amor es el alcance de nuestra capacidad para perdonar.

Sin importar qué pueda hacer otro creyente en contra nuestra, sin importar lo terrible, destructivo o injustificado que sea, Cristo ha pagado el castigo pleno por ese pecado. Sin importar cuánto puedan otros lastimarnos, calumniarnos, perseguirnos o hacernos daño de cualquier otra forma, el sacrificio de Cristo fue suficiente para pagar su castigo. Cuando un cristiano expresa o siquiera guarda en su interior sentimientos de venganza hacia un hermano, no solo peca por dejarse controlar del odio egoísta, sino que peca al profanar el sacrificio de Cristo buscando arreglar cuentas con el castigo por un pecado cuya deuda ya ha sido pagada por su Señor.

Gracias a que Cristo ha pagado el castigo por todos los pecados, no tenemos derecho alguno de tener en cuenta el pecado de cualquier persona, ni siquiera en contra de un incrédulo. Pedro pensó que perdonar a alguien "hasta siete" veces era generoso, pero Jesús le aclaró: "No te digo hasta siete, sino aun hasta setenta veces siete" (Mt. 18:22). En Cristo *todos* nuestros pecados "han sido perdonados por su nombre" (1 Jn. 2:12); Él nos ha perdonado *"todos los pecados"* (Col. 2:13). En Él "tenemos redención por su sangre, el perdón de pecados según las riquezas de su gracia" (Ef. 1:7).

Así como la profundidad del amor de Dios se demuestra por lo mucho que Él ha perdonado, la profundidad de nuestro amor se demuestra en cuánto perdonamos. "Y ante todo", dice Pedro, "tened entre vosotros ferviente amor; porque el amor cubrirá multitud de pecados" (1 P. 4:8). La palabra griega detrás de "ferviente" se refiere a un músculo estirado al máximo. Nuestro amor debe estirarse hasta el límite a fin de poder cubrir "multitud de pecados". Cuanto mayor es nuestro amor, mayor será la multitud de pecados que cubrirá mediante el perdón.

La profundidad de nuestro amor también se demuestra al saber cuánto nos ha sido perdonado. En aquella ocasión, cuando Jesús estaba cenando con Simón el fariseo, una prostituta entró a la casa y ungió los pies de Jesús con sus lágrimas y un perfume costoso. Simón se exasperó con lo hecho por ella y expresó su decepción al ver que Jesús permitía ser tocado por una mujer de esa clase.

Jesús le respondió contando una parábola: "Un acreedor tenía dos deudores: el uno le debía quinientos denarios, y el otro cincuenta; y no teniendo ellos con qué pagar, perdonó a ambos. Di, pues, ¿cuál de ellos le amará más? Respondiendo Simón, dijo: Pienso que aquel a quien perdonó más. Y él le dijo: Rectamente has juzgado". Tras comparar las diferentes maneras como había sido tratado por Simón y por la mujer, Jesús declaró: "Por lo cual te digo que sus muchos pecados le son perdonados, porque amó mucho; mas aquel a quien se le perdona poco, poco ama" (Lc. 7:36-47).

Debido a que Simón no captaba en realidad la enormidad del pecado en su propia vida, y por lo tanto no sentía la necesidad de ser perdonado en gran manera, su actitud hacia los demás era no perdonadora, en especial para aquellos a quienes consideraba como excluidos morales y sociales. La falta de perdón es la medida de la autojustificación, así como el perdón es la medida del amor. Nuestra capacidad de amar y, en consecuencia, de perdonar, depende de que tengamos el sentido de lo mucho que Dios nos ha perdonado. La falta de perdón también es una medida de la incredulidad, porque la persona que no siente necesidad de perdón no siente necesidad de Dios.

En la novela *Robert Falconer*, de George MacDonald, el protagonista cuenta su testimonio de fe entre gente desposeída en una cierta ciudad. En una ocasión les leyó la historia de la mujer que limpió los pies de Jesús con sus lágrimas y cabello. Mientras leía, escuchó que alguien sollozaba y se fijó en una joven flaca, cuyo rostro había quedado desfigurado por la viruela. Tras decirle algunas palabras de ánimo, ella dijo:

—¿Va Él a regresar de nuevo alguna vez? —dijo entre sollozos

—¿Quién? —preguntó Falconer.

—Jesucristo, el hombre que perdonó a la mujer. He escuchado que Él volverá un día. ¿Va a ser pronto?

—¿Por qué lo preguntas? —contestó Falconer.

—Porque —después de llorar copiosamente otra vez, lo que hizo que sus palabras apenas se entendieran, la joven se recuperó y pudo terminar lo que quería decir, señalando a su cabello sucio y revuelto, dijo— es que mi pelo todavía no es lo bastante largo para limpiar y secar sus pies.

—¿Sabes lo que Él te diría? —preguntó Falconer.

—No. ¿Qué es lo que me diría?

—Él te diría que tus pecados te son perdonados.[1]

La persona que reconoce la grandeza de su propio perdón gracias al amor de Dios, también perdonará siempre en amor. Él perdona en amor porque su Padre celestial le ha perdonado en amor y su deseo es ser un imitador de su Padre.

EL PATRÓN

como también Cristo nos amó, y se entregó a sí mismo por nosotros, ofrenda y sacrificio a Dios en olor fragante. (5:2b)

Con frecuencia, un niño aprende a pintar calcando. Cuanto mayor cuidado tenga al calcar, más cierta será la semejanza de su copia al original.

El patrón para la vida cristiana es Cristo mismo, aquel conforme a cuya imagen todo cristiano debe calcar su vida. La gran diferencia entre este tipo de calco y el de un niño que aprende a pintar es que nunca habrá un momento en que Cristo deje de ser el patrón a seguir e imitar. Además, nunca seremos "por nuestra cuenta y riesgo" lo suficientemente diestros para vivir como Él vivió. De hecho, nuestra parte no consiste tanto en modelar nuestra vida sino en permitir que el Espíritu de Dios nos modele conforme a su Hijo. En 2 Corintios 3:18 se expresa esta verdad profunda en términos magníficos: "Por tanto, nosotros todos,

---

1. George MacDonald, *Robert Falconer* (Londres: Hurst and Blackett, 1868), pp.125-26.

mirando a cara descubierta como en un espejo la gloria del Señor, somos transformados de gloria en gloria en la misma imagen, como por el Espíritu del Señor".

El amor incondicional

El bien supremo de Cristo que hemos de imitar es su amor. Él "nos amó, y se entregó a sí mismo por nosotros". Entregarse uno mismo por otros es el epítome del amor *agápe*. El amor bíblico no es una emoción agradable o un buen sentimiento acerca de alguien, sino la entrega de uno mismo por el bien de esa persona (cp. 1 Jn. 3:16). El amor divino es amor incondicional, amor que depende por entero de aquel que ama y no de los méritos, atractivos o respuesta positiva del ser amado. Cristo no solo tuvo un profundo interés y sentimiento emotivo por la humanidad, ni se sacrificó por nosotros porque lo mereciésemos (cp. Ro. 5:8, 10). "Siendo aún pecadores, Cristo murió por nosotros" por puro amor soberano y lleno de gracia, tomando nuestro pecado sobre sí y pagando su castigo pleno en nuestro lugar y a nuestro favor.

El amor de Dios, y todo amor semejante al suyo, ama por causa de dar y no de obtener. Con el amor condicional sucede que si las condiciones no se cumplen, no existe obligación alguna de amar. Si no obtenemos algo a cambio, no damos. En cambio, Dios no impone condiciones para su amor hacia nosotros y nos manda amar a otros sin condiciones. No existe manera de ganarse el amor de Dios o de merecerlo por razones de bondad humana.

El amor romántico y emocional entre esposos aumenta y disminuye en el transcurso de la vida cotidiana, y algunas veces desaparece del todo; pero la pérdida de amor romántico nunca es una excusa adecuada para disolver un matrimonio, porque el amor que Dios de forma específica ordena a los esposos que tengan por sus esposas es amor *agápe* (Ef. 5:25; 3:19; cp. Tit. 2:4; etc.), aquella clase de amor semejante al de Dios por nosotros que es inmerecido, un amor que se basa en una decisión de la voluntad a favor de la persona amada sin consideración alguna por emociones, atracción o méritos. El amor romántico engrandece y embellece la relación entre esposo y esposa, pero la fuerza que mantiene unido a un matrimonio cristiano es el amor propio de Dios, el amor que ama porque amar es propio de la naturaleza divina. Es el amor que da, no el que se apropia, y que aun cuando deja de recibir sigue dando. Donde exista ese amor sacrificado, que es una decisión de la voluntad, también es probable que exista el amor emotivo, íntimo y cariñoso de la amistad (griego, *filia*).

Dios nos amó siendo nosotros aún pecadores y enemigos suyos, y Él continúa amándonos como creyentes, aunque sigamos con pecados que nos alejan de su perfección y su gloria. Él nos ama cuando le olvidamos, cuando le desobedecemos, cuando le negamos, cuando no correspondemos a su amor y cuando contristamos a su Espíritu Santo. Cuando Judas dijo: "conservaos en el amor de Dios" (Jud. 21), estaba indicando la responsabilidad que tenemos de permanecer en el lugar donde ese amor divino derrama su bendición plena.

Quienes reciben la naturaleza de Dios por medio de Jesucristo también han recibido el mandato de amar como Dios ama. En Cristo, amar es ahora parte de *nuestra* naturaleza, así como amar es natural para Dios porque su naturaleza es ahora nuestra naturaleza. Un cristiano que no ama está viviendo en contra de su propia naturaleza, así como en contra de la naturaleza de Dios.

Por lo tanto, la falta de amor es más que una falla o deficiencia. Es pecado, una desobediencia deliberada y consciente del mandato de Dios y una desatención total de su ejemplo. Amar como Dios ama es amar *porque* Dios ama, porque hemos de ser "imitadores de Dios como hijos amados", y porque también "Cristo nos amó, y se entregó a sí mismo por nosotros, ofrenda y sacrificio a Dios".

El amor que se sacrifica

El amor de Dios no solo es perdonador e incondicional, sino que también es sacrificado. Por ende, amar como Dios ama es amar con disposición permanente al sacrificio y amar entregándonos tal como Él se entregó a sí mismo.

El andar del cristiano en amor se extiende a toda persona, creyentes e incrédulos por igual. Si el amor de Dios puede alcanzar hasta sus enemigos, ¿cómo podemos negarnos a amar a nuestros enemigos? Si Él ama a sus hijos imperfectos con amor perfecto, ¿cómo es posible que no amemos a nuestros hermanos en la fe, cuyas imperfecciones nos son comunes? Además, si el amor divino llevó a Cristo a sacrificarse por pecadores indignos e ingratos, ¿cómo es que no vamos a entregarnos en su nombre a nuestros semejantes pecadores, incrédulos y creyentes por igual?

Poco antes de ser traicionado y arrestado, Jesús cenó con sus discípulos. Durante la comida, los discípulos empezaron a discutir entre ellos quién era el más importante. Su Señor enfrentaba la humillación y aflicción más grandes que jamás se hayan experimentado y, sin embargo, solo estaban preocupados por ellos mismos, por su propio prestigio, rango y gloria. Cuando el Señor necesitó más el consuelo, ánimo y apoyo de su parte, actuaron como si Él no estuviese con ellos. Toda su atención estaba enfocada con egoísmo en ellos mismos (Lc. 22:24).

Fue en ese momento que Jesús tomó un recipiente con agua y empezó a lavar los pies de sus discípulos, una tarea que solo estaba reservada para los siervos más humildes. A pesar de la insensibilidad y falta de preocupación de ellos frente al sufrimiento y muerte que le esperaban, Jesús les ministró en actitud humilde, perdonadora, incondicional y sacrificada. El apóstol Juan dejó registradas las palabras del Maestro después de acabar de lavarles los pies y regresar a la mesa:

Les dijo: ¿sabéis lo que os he hecho? Vosotros me llamáis Maestro, y Señor; y decís bien, porque lo soy. Pues si yo, el Señor y el Maestro, he lavado vuestros pies, vosotros también debéis lavaros los pies los unos a los otros. Porque ejemplo os he dado, para que como yo os he hecho, vosotros también hagáis. De cierto, de cierto os digo: El siervo no es mayor que su señor, ni el enviado es mayor que el que le envió. (Jn, 13:12-16)

Más adelante les dio el mandamiento de amar de este mismo modo y con esa actitud (Jn. 13:34-35).

El hecho de que "Cristo nos amó, y se entregó a sí mismo por nosotros" como ofrenda y sacrificio perfectos a Dios fue un olor fragante para su Padre celestial, porque ese sacrificio demostró de manera suprema y plena la clase de amor que tiene Dios. Las palabras indican para nosotros la expresión personal de amor dirigida a todos los que creen. (Esto no limita la provisión de la expiación a los creyentes solamente, como lo dejan en claro otras citas bíblicas. Véanse Jn. 1:29; 3:15-16; Ro. 10:13; 2 Co. 5:14; 1 Ti. 2:4, 6; 4:10; 2 P. 2:1; l Jn. 2:2; 4:14).

Los primeros cinco capítulos de Levítico describen cinco ofrendas ordenadas por Dios a los israelitas. Las primeras tres eran la ofrenda quemada u holocausto, la ofrenda de alimento y la ofrenda de paz. El holocausto (Lv. 1:1-17) representaba la dedicación total de Cristo a Dios al entregar su vida misma para obedecer y agradar a su Padre; la ofrenda de alimento (grano) (Lv. 2:1-16) ilustraba la perfección de Dios, y la ofrenda de paz (Lv. 3:1-17; 4:27-31) mostraba la manera como Él hizo la paz entre Dios y el hombre. Todas esas ofrendas hablaban obviamente de lo que era agradable a Dios. Sobre cada una, las Escrituras dicen que eran "de olor grato para Jehová" (Lv. 1:9, 13, 17; 2:2, 9, 12; 3:5, 16). Filipenses 4:18 explica que el olor fragante significaba que se trataba de un "sacrificio acepto, agradable a Dios"; pero las otras dos ofrendas, la del pecado (Lv. 4:1-26, 32-35) y las expiatorias por transgresión (Lv. 5:1-19), eran ofrendas repugnantes para Dios porque, a pesar de ilustrar la obra de Cristo, le representaban llevando el pecado de la humanidad. Estas ofrendas eran un símbolo del momento en que el Padre dio la espalda a su propio Hijo, por cuanto "al que no conoció pecado, por nosotros lo hizo pecado, para que nosotros fuésemos hechos justicia de Dios en él" (2 Co. 5:21), aquel momento en que Jesús exclamó desde la cruz: "Elí, Elí, ¿lama sabactani? Esto es: Dios mío, Dios mío, ¿por qué me has desamparado?" (Mt. 27:46).

Mientras Cristo llevó sobre sí todo el pecado de la humanidad, Dios no le vio ni se regocijó ni tuvo complacencia en Él; pero cuando el Padre levantó a Cristo de entre los muertos, el sacrificio por el cual fue hecho pecado se convirtió en el sacrificio que conquistó para siempre al pecado. El pecado que le sometió a muerte fue sometido a muerte, y ese inmenso acto de amor fue ofrecido a Dios en olor fragante. Ese olor fragante esparce su fragancia a todos los que están en la tierra y se colocan bajo la gracia de ese sacrificio, y esparcirá su fragancia a lo largo y ancho del cielo por toda la eternidad. En todos los aspectos, nuestra vida debería agradar a Dios como un sacrificio de olor fragante (cp. 2 Co. 2:14-16).

LA PERVERSIÓN

Pero fornicación y toda inmundicia, o avaricia, ni aun se nombre entre vosotros, como conviene a santos; ni palabras deshonestas, ni necedades, ni truhanerías, que no convienen, sino antes bien acciones de gracias. (5:3-4)

Amor falso

Todo lo que Dios establece, Satanás lo falsea y corrompe. Donde Dios establece amor verdadero, Satanás produce amor adulterado. Ese amor falso caracteriza a los hijos de Satanás, aquellos que son del mundo, así como el amor verdadero caracteriza a los hijos de Dios, aquellos que son ciudadanos del cielo.

En contraste al amor piadoso, perdonador y no egoísta, el amor del mundo es lujurioso e indulgente consigo mismo. Ama porque el objeto del amor es atractivo, aprovechable, agradable, satisfactorio, apreciativo, porque corresponde y produce sentimientos deseados, o es probable que pague lo recibido de alguna forma. Siempre se basa en la satisfacción que la otra persona suministra de las necesidades y deseos individuales, y en el cumplimiento de expectativas egoístas.

En resumen, el amor mundano es recíproco, y da poco pero con la expectativa de obtener mucho a cambio. Al hablar de esa clase de amor, Jesús dijo: "Porque si amáis a los que os aman, ¿qué recompensa tendréis? ¿No hacen también lo mismo los publicanos?" (Mt. 5:46).

El mundo alega que necesita amor, y lo defiende y elogia en todas partes. El amor romántico se aclama y encomia de manera especial. En canciones, novelas, películas y series de televisión, se explota de continuo el deseo emocional y lujurioso como si se tratara de amor genuino. La búsqueda fantasiosa del "amor perfecto" se presenta como la experiencia humana suprema.

El resultado: fornicación e inmundicia

No debería sorprender que la búsqueda desorientada de esa clase de amor conduzca de forma inevitable a "fornicación y toda inmundicia", porque esa clase de amor es egoísta y destructivo, es una falsificación engañosa del amor de Dios. Siempre es condicional y siempre es egocéntrico. No se interesa en el compromiso sino solamente en la satisfacción momentánea; no se interesa en dar sino solo en obtener. No tiene base para permanecer porque su propósito consiste en utilizar y explotar en lugar de servir y ayudar. Dura hasta que el ser amado deja de satisfacer o hasta que desaparece para irse con otra persona.

La palabra griega para "fornicación" en el versículo 3 es *porneía* y se refiere a todo pecado sexual, y todo pecado sexual es contra Dios y contra el amor verdadero y piadoso. Es el antónimo de *enkrateía*, que se refiere a dominio propio, especialmente en el área sexual. Cuando el apóstol habló delante de Félix y su esposa Drusila, "al disertar Pablo acerca de la justicia, del dominio propio y del juicio venidero, Félix se espantó y dijo: Ahora vete; pero cuando tenga oportunidad te llamaré" (Hch. 24:24-25). Félix había robado a Drusila de su esposo anterior y, por ende, estaba viviendo con ella en una relación adúltera. El autocontrol sexual del que Pablo habló se relacionaba con la pasión lujuriosa, tal como Félix lo entendió. El mensaje claro al gobernador era que estaba viviendo contrario a la justicia de Dios al rehusar la disciplina de su deseo sexual, y por eso fue sometido al juicio de Dios.

La pérdida de control sexual conduce a lo opuesto que es fornicación e inmundicia. *Akatharsía* ("inmundicia") es un término más general que *porneía* y hace referencia a cualquier cosa impura y sucia. Jesús empleó la palabra para describir la podredumbre de los cadáveres que se descomponen en una tumba (Mt. 23:27). Las otras diez ocasiones que se usa la palabra en el Nuevo Testamento está asociada con el pecado sexual. Se refiere a pensamientos, pasiones, ideas y fantasías inmorales, y todas las demás formas de corrupción sexual.

La obsesión de la sociedad contemporánea con el sexo ha encontrado su manera de infiltrarse en la iglesia. La influencia del mundo de la lujuria ha invadido a tal punto y la iglesia es tan débil y falta de discernimiento, que muchos cristianos se han convencido de que todo tipo de excesos e impurezas sexuales son cubiertos por la gracia o pueden llegar a considerarse moralmente seguros si se practican con la actitud correcta, en especial si algún versículo de las Escrituras puede ser arqueado para dar un respaldo aparente. Lo cierto es que fornicación y toda inmundicia son cosas que no pueden ser santificadas ni modificadas como algo mejor de lo que son, que es maldad y perversión, un delito contra el Dios santo y el Dios amoroso. En 1 Corintios 5:1-5 y 6:13-20, Pablo muestra que no hay lugar para estas cosas en la vida cristiana.

La avaricia es inseparable de la inmundicia. Toda forma de inmoralidad sexual es una expresión de la voluntad egoísta, la gratificación del ego y el egocentrismo propio de la avaricia. Por naturaleza es contraria al amor, que se entrega a sí mismo. La fornicación y la inmundicia son formas de avaricia en el área del pecado sexual. Son manifestaciones de codicia sexual y expresiones de amor adulterado (que en realidad es odio, porque el amor busca la pureza de los demás y no es egoísta), enmascarado como algo bello, bueno y compensador. Por cuanto esos pecados tienen una apariencia tan atractiva y prometedora, cónyuges son abandonados, niños son descuidados, hogares son destruidos, amigos son desatendidos y no se ahorra esfuerzo alguno para satisfacer el deseo de tener al objeto de la lujuria, todo en nombre del amor.

A causa de la fuerte naturaleza sexual de los seres humanos, los pecados sexuales son poderosos y se pueden pervertir de formas inimaginables. Si se les da rienda suelta, los pecados sexuales pueden conducir a la insensibilidad completa frente a los sentimientos y el bienestar de los demás, a una brutalidad horrorosa y con frecuencia al homicidio, como dan testimonio de ello las noticias de todos los días.

Por esa razón, los pecados de "fornicación y toda inmundicia, o avaricia, ni aun debería nombrarse entre los cristianos, como conviene a santos". Esos pecados no pueden justificarse de ningún modo, y de ninguna manera deberían ser tolerados. El significado de santos es "los santificados por Dios", y esa clase de personas no tienen que ver con lo que no sea santo.

*Pecados relacionados: palabras deshonestas, necedades y
truhanerías*

Pablo continúa su advertencia contra esta perversión del amor
con una lista de pecados relacionados que con seguridad atañe a
todo creyente en uno u otro momento de su vida. Los cristianos
no solo deberían abstenerse de participar en pecados sexuales de
cualquier tipo, sino que nunca deberían ser culpables de "palabras
deshonestas, ni necedades, ni truhanerías".

"Palabras deshonestas" o sucias tiene que ver con obscenidad
en general, cualquier lenguaje degradante e indecente. Proviene
de la misma raíz griega de la palabra "vergonzoso" en el versículo
12, donde Pablo dice que tales cosas viles no debían siquiera ser
mencionadas, mucho menos ser objeto de participación directa
por parte de los creyentes, y allí se relaciona con el término en
Colosenses 3:8 que también se traduce "palabras deshonestas de
vuestra boca".

Morología ("necedades") solo se emplea aquí en el Nuevo
Testamento y se deriva de *moros* (que significa tonto o estúpido)
y de *légo* (hablar). Se refiere a hablar sandeces, como solo puede
ser propio de una persona con graves deficiencias intelectuales. En
ocasiones alude a obscenidad rastrera y al lenguaje necio y men-
tecato que procede de los borrachos o de la boca que es como una
alcantarilla, cuya única y torpe función consiste en llenar el aire
con cochinerías mundanas.

Eutrapelía ("truhanería"), por otra parte, se refiere a un tipo
de lenguaje más enfocado y premeditado. Alude a la idea de convertir con rapidez cualquier cosa que se dice o hace, sin importar
cuán inocente sea en sí misma, en algo obsceno o sugestivo. Es el
lenguaje sucio de una persona que utiliza toda palabra y circunstancia para ostentar su astucia y humor en el campo de la inmoralidad. Son las maniobras típicas de quienes se dedican al oficio de
encontrarle un giro sexual a cualquier situación, como es el caso

de los anfitriones de programas de opinión y otros charlatanes indiscretos de profesión. Lo cierto es que la obscenidad rastrera y nada elegante de las necedades y la obscenidad de "alto nivel" que son las truhanerías o picardías, provienen de la misma clase de corazón, el corazón de la persona que se ha entregado a toda inmundicia moral y que llena su boca de palabras deshonestas.

A la luz de una enseñanza tan clara de la Palabra de Dios, resulta extraño que tantos cristianos no solo discutan, sino que se rían y hagan chistes de forma impune acerca de casi toda forma de intimidad, corrupción y perversión sexual. La norma de Dios sigue siendo clara: no debe haber "palabras deshonestas, ni necedades, ni truhanerías, que no convienen".

El reemplazo apropiado

En lugar de involucrarse en la inmoralidad y en el lenguaje sucio, la boca del creyente debería dedicarse a dar acciones de gracias. El agradecimiento es una expresión de renuncia al egoísmo. La persona egoísta y no amorosa no da gracias porque piensa que merece cualquier cosa buena que recibe. La persona amorosa y no egoísta, por otra parte, enfoca su vida y su interés en las necesidades de otros. Cualquier cosa buena que recibe de Dios o de otras personas la cuenta como algo inmerecido y gratuito. Siempre es agradecida porque su espíritu está lleno de amor y dadivosidad. En lugar de usar a otros, les sirve. En vez de tratar de convertir lo inocente en inmoral, procura cambiar lo inmoral y fomentar lo justo y santo. Es una persona agradecida porque la vida santa es la vida que satisface, y la gente ve el amor a Dios en la persona agradecida.

Si los cristianos son conocidos por algo, debería ser por su amor expresado hacia Dios y los demás a través de acciones de gracias incesantes (cp. 1 Ts. 5: 18, donde el mandato es claro: "Dad gracias en todo, porque esta es la voluntad de Dios para con vosotros en Cristo Jesús").

El castigo

Porque sabéis esto, que ningún fornicario, o inmundo, o avaro, que es idólatra, tiene herencia en el reino de Cristo y de Dios. Nadie os engañe con palabras vanas, porque por estas cosas viene la ira de Dios sobre los hijos de desobediencia. No seáis, pues, partícipes con ellos. (5:5-7)

Es evidente que Pablo está reafirmando una verdad que había enseñado a los efesios muchas veces mientras estuvo pastoreando en medio de ellos, y sin duda una verdad que otros habían reforzado. "Porque sabéis esto", les dijo el apóstol. Es seguro que no había duda o confusión en sus mentes acerca de lo que él estaba a punto de decirles, porque no era algo nuevo.

Dios no tolera el pecado, y el amor pervertido conduce al castigo. El pecado no tiene lugar en su reino ni en su familia. Las palabras "fornicario", "inmundo" y "avaro" se derivan de las mismas palabras griegas básicas del versículo 3 y que se traducen como "fornicación"," inmundicia" y "avaricia". La avaricia es una forma de idolatría. El avaro, por tanto, es más que simplemente egoísta e inmoral, es un idólatra (cp. Col. 3:5).

Las personas que se caracterizan por los pecados que Pablo acaba de condenar en los versículos 3 y 4 no tendrán herencia en el reino de Cristo y de Dios. Ninguna persona cuyo patrón de vida es de inmoralidad, fornicación, inmundicia y avaricia habituales, puede formar parte del reino de Dios, porque es imposible que una persona así le pertenezca. Esas acciones y actitudes contradicen las verdades de Romanos 6 y 2 Corintios 5:17, así como la instrucción de 1 Juan acerca de las características de los creyentes. La vida descrita aquí da testimonio de una naturaleza no redimida y dominada por el pecado, sin importar qué relación con Cristo afirme tener tal persona. Los hijos de Dios tienen la naturaleza de Dios, y la persona que se caracteriza por la pecaminosidad habitual demuestra que no tiene una naturaleza santa (1 Jn. 3:9-10). El "reino de Cristo y de Dios" se refiere a la esfera de la salvación, la comunidad de los redimidos y el lugar de la gloria eterna. El reino es el gobierno de Cristo y de Dios, el cual incluye la iglesia presente, el milenio futuro y el estado eterno en la gloria.

"Porque la gracia de Dios se ha manifestado para salvación a todos los hombres, enseñándonos que, renunciando a la impiedad y a los deseos mundanos, vivamos en este siglo sobria, justa y piadosamente" (Tit. 2:11-12). Toda persona que es salvada, y por ende forma parte de ese gobierno glorioso de Cristo y de Dios, es enseñada y guiada por el Espíritu Santo y por la inclinación de su nueva naturaleza, a abandonar el pecado y buscar siempre la justicia. La persona cuyo patrón básico de vida no refleja esa orientación no puede afirmar que Dios sea su Padre o que el reino de Cristo y de Dios sea su herencia.

Es engañoso que los cristianos traten de dar seguridad de salvación a una persona que no tenga fundamento bíblico para tener tal seguridad. En su primera carta a la iglesia en Corinto, Pablo da una lista todavía más detallada de pecados cuya práctica habitual demuestra que una persona no es salva y no tiene defensa ante Dios. "¿No sabéis que los injustos no heredarán el reino de Dios? No erréis; ni los fornicarios, ni los idólatras, ni los adúlteros, ni los afeminados, ni los que se echan con varones, ni los ladrones, ni los avaros, ni los borrachos, ni los maldicientes, ni los estafadores, heredarán el reino de Dios" (1 Co. 6:9-10). Tales cosas no caracterizan a los hijos de Dios (cp. Gá. 5:17-21, una enseñanza similar). El veredicto de Dios es que, sin importar cuál pueda ser la razón presentada, una vida dominada de esa manera por el pecado está condenada al infierno.

La gente tratará de negar esto, pero Pablo advierte que no se les debe prestar atención. "Nadie os engañe con palabras vanas", diciendo que el pecado es tolerable y que Dios no excluirá a los pecadores no arrepentidos de su reino. Las palabras vanas están llenas de error y carentes de verdad, por eso tienen poder para engañar.

Es por estas cosas, es decir, a causa de los pecados indicados aquí y de las mentiras de las palabras vanas, que "viene la ira de Dios sobre los hijos de desobediencia". Tales personas son llamadas hijos de desobediencia (véase también 2:2) porque desobedecer es parte de su naturaleza y por ello son "hijos de ira" (2:3; cp. 2 Ts. 1:8-10), blancos de las armas del juicio de Dios.

La actitud de Dios hacia el amor pervertido y el pecado sexual puede verse con claridad en Números 25:1-9, en aquella ocasión cuando los israelitas tuvieron relaciones con mujeres moabitas y Dios juzgó con la muerte a 24.000 de ellos. Su actitud hacia el pecado sexual no ha cambiado, y el amor pervertido atrae la ira de Dios como una ciudad iluminada atrae a los bombarderos enemigos.

En una advertencia final, Pablo dice: "No seáis, pues, partícipes con ellos" (v. 7). En efecto, les está diciendo: "No se asocien con el mundo en su perversión". No se unan a ellos en la maldad. En lugar de eso, únanse y sean socios de Cristo en la justicia. No imiten al mundo sino más bien sean "imitadores de Dios, como hijos amados" (v. 1).

Capítulo 7

ANDEMOS EN SABIDURÍA

EFESIOS 5:15-17

Mirad, pues, con diligencia cómo andéis, no como necios sino como sabios, aprovechando bien el tiempo, porque los días son malos. Por tanto, no seáis insensatos, sino entendidos de cuál sea la voluntad del Señor. (5:15-17)

La palabra *necio* se refiere, por lo general, a una persona que actúa de manera insensata e irresponsable. Por otro lado, la Biblia define al necio como una persona que "dice... en su corazón: No hay Dios", y que en consecuencia es moralmente corrupta y "[hace] obras abominables" (Sal. 14:1). El necio es la persona que vive aparte de Dios, sea como un ateo teológico o práctico, o como las dos cosas al mismo tiempo, negando a Dios por sus acciones, así como por sus palabras. El necio máximo es la persona que tiene patrones de pensamiento y de vida contrarios a Dios.

Puesto que los hombres nacen separados de Dios y con corazones que por naturaleza están en su contra (Ro. 5:8, 10; Ef. 2:3; Col. 1:21), nacen necios espiritualmente. "Pues habiendo conocido a Dios, no le glorificaron como a Dios, ni le dieron gracias, sino que se envanecieron en sus razonamientos, y su necio corazón fue entenebrecido. Profesando ser sabios, se hicieron necios" (Ro. 1:21-22). "El hombre natural no percibe las cosas que son del Espíritu de Dios, porque para él son locura, y no las puede entender, porque se han de discernir espiritualmente" (1 Co. 2:14). El hombre natural tiene las cosas más importantes de la vida en un orden inverso. En consecuencia, piensa que la necedad es sabiduría y que la sabiduría es necedad.

EL NECIO ESPIRITUAL Y LA VERDADERA SABIDURÍA

Ningún hombre puede vivir sin un dios de algún tipo, y es inevitable que el necio espiritual substituya con un dios falso al Dios verdadero. Crea dioses de su propia iniciativa y fabricación (Ro. 1:21-23), y de hecho se convierte en su propio dios, su propia autoridad en todas las cosas. "El camino del necio es derecho en su opinión" (Pr. 12:15) y, por lo tanto, determina el bien y el mal, la verdad y la falsedad de completa conformidad a su propia manera caída de pensar y su inclinación pecaminosa.

Cuando los necios se levantan como sus propios dioses, por su propia naturaleza "se mofan del pecado" (Pr. 14:9). El pecado es lo que va en contra de Dios, y como el necio no reconoce a Dios, tampoco reconoce al pecado. El necio que se cree autosuficiente en su vida espiritual hace sus propias reglas y justifica su propia conducta y, al hacerlo, se niega a reconocer el pecado y sus consecuencias.

El necio se caracteriza por propagar su necedad. Cuanto más se convence de la sabiduría de su locura, más procurará esparcirla. Por lo que dice y hace da testimonio continuo de su negación de Dios, de su decisión de convertirse en su propio dios, y de su mofa del pecado. Sin importar su nivel intelectual, logros académicos, talentos, riqueza o reputación, la boca del hombre natural no puede realizar otra acción espiritual aparte de hablar sandeces (Pr. 15:2).

La persona no regenerada es un necio porque niega a Dios por creencia y por práctica. Es un necio porque se convierte en su propio dios. Es un necio porque se mofa del pecado, y es un necio porque contamina al resto de la sociedad con la necedad impía que condena su propia alma. Transmite ese legado de necedad a sus hijos, sus amigos y su comunidad, a todos los que estén bajo la influencia de su locura y necedad.

"Por cuanto aborrecieron la sabiduría, y no escogieron el temor de Jehová", dice el escritor de Proverbios acerca de los necios, "ni quisieron mi consejo, y menospreciaron toda reprensión mía, comerán del fruto de su camino, y serán hastiados de sus propios consejos. Porque el desvío de los ignorantes los matará, y la prosperidad de los necios los echará a perder" (Pr. 1:29-32).

El crecimiento del conocimiento

La sabiduría que la persona impía aborrece no es un conocimiento práctico. Por el contrario, el necio se enorgullece de lo mucho que sabe. Se ha calculado que si todo el conocimiento acumulado del hombre desde el principio de la historia registrada hasta 1845 se representara con un centímetro, lo que el ser humano aprendió desde 1845 hasta 1945 equivaldría a 3 centímetros, y lo que aprendió desde 1945 hasta 1975 correspondería a la altura de la estatua de Washington! El inventor, innovador y matemático Buckminster Fuller presentó en 1982 su "Curva de duplicación del conocimiento" en su libro, gran éxito de librería, *Critical Path*, argumentando que nuestra adquisición de conocimiento al final de la Segunda Guerra Mundial había saltado de duplicarse aproximadamente cada siglo a duplicarse cada veinticinco años, y continuaría acelerándose, llegando su tasa a una pronunciada "curva J" en rápido ascenso.[1] En el 2010, "la nanotecnología se había duplicado cada dos años y el conocimiento clínico cada dieciocho meses. Pero el promedio del conocimiento humano se duplica cada 13 meses", escribió el investigador David Russell Schilling.[2] Por su parte, la

---

1. Citado en David Russell Schilling, "Knowledge Doubles Every 12 Months, Soon to Be Every 12 Hours", *Industry Tap into News,* 19 de abril de 2013, http://www.industrytap.com/knowledge-doubling-every-12-months -soon-to-be-every-12-hours/3950.

2. Ibíd.

empresa IBM ha pronosticado que la "acumulación de las 'cosas del Internet' llevará a duplicar el conocimiento cada 12 horas".[3]

Sin embargo, pocas personas contenderían que ese adelanto increíble en conocimiento científico, tecnológico y práctico en todas las áreas haya sido acompañado de forma paralela con un progreso correspondiente en la sabiduría y el sentido común de la gente, para no mencionar la sabiduría moral y espiritual. El hecho es que el entendimiento del hombre acerca de lo que es y hace y por qué lo hace parece disminuir a medida que su conocimiento práctico aumenta. Cuanto más adquiere conocimiento práctico y superficial, menos puede ver su necesidad del conocimiento que solo proviene de la mente de Dios.

Por lo tanto, el destino último de los necios es que "siempre están aprendiendo, y nunca pueden llegar al conocimiento de la verdad" (2 Ti. 3:7), y que "mueren por falta de entendimiento" (Pr. 10:21), incluso mientras acumulan grandes cantidades de información. Se vuelven más listos y más necios al mismo tiempo. La necedad viene como resultado de confiar en conocimiento puramente humano y excluir el conocimiento divino. La necedad de los hombres aumenta con su conocimiento solo cuando su confianza en sí mismos se incrementa. El hombre natural y no regenerado sufre de su necedad congénita y terminal porque no está dispuesto a someterse a Dios. Acumula un conocimiento vasto aparte de Dios, pero el entendimiento espiritual y la sabiduría divina le son siempre esquivos. Aborrece la verdad acerca del pecado y la salvación.

Donde empieza la sabiduría

La sabiduría empieza con el temor al Señor (Pr. 1:7) y continúa con el reconocimiento de su verdad y sus caminos. "Los justos y los sabios, y sus obras, están en la mano de Dios" (Ec. 9:1). El camino a la sabiduría y la senda de la vida es el camino de Dios. El único

---

3. Ibíd.

poder que puede vencer la necedad de un hombre y encaminarle en la sabiduría es la salvación, volver a Dios por medio de Jesucristo. Pasar de la necedad a la sabiduría es volverse del ego a Dios. Es la Palabra de Dios la única que "[puede] hacer sabio para la salvación por la fe que es en Cristo Jesús" (2 Ti. 3:15).

La clase de sabiduría que la Biblia alaba no es la venerada por los griegos de la antigüedad que eran contemporáneos de Pablo. Su sabiduría se caracterizaba por los sofismas y la sofisticación filosófica, las discusiones en círculos interminables de teorías carentes de relación concreta con la vida y ajenas a las cosas de Dios y a los asuntos prácticos. Los griegos podían, como lo hacían con frecuencia, pasar de una filosofía a otra sin cambiar sus actitudes básicas ni su manera de vivir. Simplemente estaban jugando el juego de filosofar con la clase de sabiduría que no *quiere* llegar al conocimiento de la verdad, porque a diferencia de las hipótesis y las especulaciones, la verdad demanda reconocimiento, aceptación y cambio de vida.

Por otro lado, en las Escrituras la sabiduría está centrada en la convicción y la conducta, de modo específico en reconocer y obedecer a Dios. Cuando una persona se salva, es transferida del dominio de la necedad al reino de la sabiduría. Así como el hecho de ser cristiano le lleva a andar como es digno de tal vocación (4:1), de manera humilde (4:2), en unidad (4:3-16), separado de los caminos del mundo (4:17-32), en amor (5:1-7) y en luz (5:8-14), también le lleva a andar en sabiduría (5:15-17).

En el pasaje actual, Pablo menciona tres cosas que la sabiduría del Señor enseña a sus hijos. El creyente sabio conoce sus principios de vida, sus privilegios limitados y los propósitos de su Señor.

LOS PRINCIPIOS DE VIDA DEL CREYENTE

Mirad, pues, con diligencia cómo andéis, no como necios sino como sabios, (5:15)

El significado literal del término griego que se traduce "mirad" es "observar", y el mandato de Pablo para que los creyentes miren con cuidado cómo andan, se basa en lo que acaba de enseñar antes. Pues alude de inmediato al llamado que el apóstol hizo a los creyentes para que anduviesen como personas que han sido levantadas de los muertos y están viviendo en la luz de Cristo (v. 14). También se basa en su llamado a los creyentes para que sean imitadores de su Padre celestial (5:1). Los cristianos deben andar con sabiduría y no de manera insensata porque son los hijos amados de Dios, salvos por medio del sacrificio de su Hijo amado (5:1-2). El andar sabio es lo único apropiado para los hijos de Dios.

Actúa como quien eres

Así como deben andar en humildad, unidad, separación del mundo, amor y luz (4:1-5:14), los cristianos también deben andar en sabiduría. En otras palabras, deben vivir como el tipo de gente que *son*. En Cristo *somos* uno, *somos* separados, *somos* amor, *somos* luz, y *somos* sabios; lo que hacemos debe corresponder a lo que somos.

En el momento de la salvación, todo creyente es hecho sabio. Pablo escribió a Timoteo: "desde la niñez has sabido las Sagradas Escrituras, las cuales te pueden hacer sabio para la salvación por la fe que es en Cristo Jesús" (2 Ti. 3:15). Por la gracia de Dios, los salvos están "en Cristo Jesús, el cual nos ha sido hecho por Dios sabiduría, justificación, santificación y redención" (1 Co. 1:30). Así como en Cristo Dios nos hace justos, santificados y redimidos de una manera milagrosa e inmediata, Él también nos hace sabios de inmediato. Desde el momento en que somos salvos nos convertimos en depositarios de sabiduría divina y también somos hechos responsables por nuestra conducta. Gracias a que estamos en Cristo, "los tesoros de la sabiduría y del conocimiento" que están escondidos en Él (Col. 2:3) también están escondidos en nosotros.

Juan escribió acerca del Espíritu Santo, el maestro residente de la verdad en la vida de todo santo de Dios: "Pero vosotros tenéis la unción del Santo, y conocéis todas las cosas. No os he escrito como si ignoraseis la verdad, sino porque la conocéis, y porque ninguna mentira procede de la verdad" (1 Jn. 2:20-21). Además, dijo: "la unción que vosotros recibisteis de él permanece en vosotros, y no tenéis necesidad de que nadie [algún maestro humano con simple sabiduría humana] os enseñe; así como la unción misma os enseña todas las cosas, y es verdadera" (v. 27). No podemos tener salvación sin la sabiduría de Dios, así como tampoco podemos tener salvación sin su justicia, santificación y redención.

¡Cuán diferente es esto del movimiento de "creer es fácil" de la iglesia contemporánea, que se propone ofrecer la salvación en segmentos! Primero se afirma que los hombres nacen de nuevo al aceptar a Cristo como Salvador. Luego, a medida que crecen en la gracia, pueden renunciar al pecado y empezar a vivir en justicia, santificación y sabiduría; en este momento le reciben como Señor. Por otro lado, lo cierto es que Pablo dijo: "Porque la gracia de Dios se ha manifestado para salvación a todos los hombres, enseñándonos que, renunciando a la impiedad y a los deseos mundanos, vivamos en este siglo sobria, justa y piadosamente" (Tit. 2:11-12). La primera instrucción del evangelio para la persona salva es renunciar al pecado y abandonarlo para vivir una vida piadosa y justa. Esa instrucción o sabiduría es una parte del nuevo nacimiento, no algo subsecuente ni secundario.

Como Jesús dejó claro en las Bienaventuranzas, entre las primeras y más necesarias marcas de la salvación se encuentran el dolerse con lloro por el pecado y tener hambre y sed de justicia (Mt. 5:4,6). Como Pablo dejó en claro al principio de esta carta: "[Dios hizo sobreabundar su gracia] en toda sabiduría e inteligencia, dándonos a conocer el misterio de su voluntad" (Ef. 1:8-9).

No es que no crezcamos en sabiduría a medida que maduramos en la vida cristiana. Hemos recibido el mandato específico:

"creced en la gracia y el conocimiento de nuestro Señor y Salvador Jesucristo" (2 P. 3:18). Al ser cada vez más conformados a nuestro Señor y Salvador, creceremos más y más en su amor, gozo, paz y todas las demás manifestaciones del fruto del Señor (Gá. 5:22-23). En otra de las paradojas divinas del Señor, el hecho es que crecemos en algo que nos ha sido dado por entero. Crecemos en sentido práctico en lo que ya poseemos por la posición que ocupamos en Cristo. Aun Jesús "crecía en sabiduría" (Lc. 2:52), y algunos creyentes en la iglesia de Jerusalén estaban "llenos... de sabiduría" (Hch. 6:3).

Hablando a creyentes, Santiago dijo: "si alguno de vosotros tiene falta de sabiduría, pídala a Dios, el cual da a todos abundantemente y sin reproche, y le será dada" (Stg. 1:5). Pablo oró para que los creyentes de Colosas fuesen "llenos del conocimiento de su voluntad en toda sabiduría e inteligencia espiritual", y que "la palabra de Cristo more en abundancia en [ellos], enseñándoos y exhortándoos unos a otros en toda sabiduría" (Col. 1:9; 3:16). El creyente empieza su nueva vida en Cristo con toda la sabiduría necesaria para vivir para su Señor, pero también debe crecer continuamente en sabiduría para que pueda ser aún más maduro, más fiel y más productivo en su servicio.

Andad con diligencia...

Akribós ("con diligencia") tiene el significado básico de cuidado preciso y exacto, y alude a la idea asociada de observar, examinar e investigar algo con gran esmero. También transmite la idea de alerta y solicitud. A medida que los creyentes andan por el campo minado espiritual del mundo, deben mantenerse en constante estado de alerta frente a todos los peligros que Satanás pone a su camino. Por esa razón, Jesús advirtió que "estrecha es la puerta, y angosto el camino que lleva a la vida" (Mt. 7:14).

Si no hubiera sido escrito siglos antes del tiempo de Pablo, Proverbios 2 habría parecido ser un comentario sobre Efesios 5:15.

En todo el capítulo, el escritor de Proverbios habla de andar en el sendero sabio y de una manera sabia en la vida, de no recorrer el camino de los malvados ni desviarse en la compañía de gente perversa. De forma similar, el Salmo 1 habla del hombre bien-aventurado como aquel que "no anduvo en consejo de malos, ni estuvo en camino de pecadores, ni en silla de escarnecedores se ha sentado" (v. 1).

La idea de andar con diligencia y precisión en el camino de Dios es el tema del libro de Juan Bunyan, *El progreso del peregrino*. Cada incidente, conversación y observación en ese gran clásico de la literatura cristiana se enfoca en obedecer o desobedecer, acatar o ignorar, seguir o apartarse del sendero divino establecido por Dios para la vida cristiana.

Cuando yo era niño, en cierta ocasión atravesé un riachuelo pasando sobre un tronco que tenía bastantes ramas que sobre-salían. Un amigo me llamó y, por un momento, me distraje, así que tropecé con una de las ramas. Ya había pasado el agua, de modo que caí sobre unos arbustos espinosos en la orilla. Como solo tenía puesto el traje de baño, sufrí rasguños dolorosos y cientos de espinas microscópicas quedaron incrustadas en gran parte de mi cuerpo. Esto ilustra lo que puede sucederle a un creyente cuando se distrae del camino de Dios.

Cuando los cristianos pecan y caen en las trampas de Satanás, lo hacen por vivir como necios y no como sabios. Recaen al seguir la sabiduría de su antigua vida que en realidad siempre fue de necedad y locura. "Porque nosotros también éramos en otro tiempo insensatos", dijo Pablo, "rebeldes, extraviados, esclavos de concupiscencias y deleites diversos, viviendo en malicia y envidia, aborrecibles, y aborreciéndonos unos a otros" (Tit. 3:3). Esa es la clase de vida de la cual nos separa la sabiduría de Dios.

"Pero cuando se manifestó la bondad de Dios nuestro Salvador, y su amor para con los hombres, nos salvó, no por obras de justicia que nosotros hubiéramos hecho, sino por su misericordia, por el lavamiento de la regeneración y por la renovación en el Espíritu Santo, el cual derramó en nosotros abundantemente por Jesucristo nuestro Salvador" (vv. 4-6). Es de esperarse que nuestro cambio en relación con Dios traiga un cambio a nuestra vida diaria, como Pablo prosiguió a explicarle a Tito: "Palabra fiel es esta, y en estas cosas quiero que insistas con firmeza, para que los que creen en Dios procuren ocuparse en buenas obras. Estas cosas son buenas y útiles a los hombres" (v. 8).

Después que David perdonó su vida en dos ocasiones, el celoso e hipócrita Saúl confesó: "He aquí yo he hecho neciamente, y he errado en gran manera", con relación a sus intentos de acabar con la vida de David (1 S. 26:21). Algunos años después, cuando David era rey, decidió con orgullo hacer un censo de la población, y "le pesó en su corazón; y dijo David a Jehová: Yo he pecado gravemente por haber hecho esto; mas ahora, oh Jehová, te ruego que quites el pecado de tu siervo, porque yo he hecho muy neciamente" (2 S. 24:10).

...para que no caigáis en la necedad

Como aprendemos de David y muchos otros en las Escrituras, los creyentes no son inmunes a la posibilidad de recaer en la necedad. La primera manera como un creyente "hace neciamente" es dejando de creer en Dios sin reservas y por completo. Cree en Dios para su salvación, pero no sigue creyendo en Él para todo lo demás. Jesús dijo a los dos discípulos descorazonados en el camino a Emaús: "¡Oh insensatos, y tardos de corazón para creer todo lo que los profetas han dicho!" (Lc. 24:25). En la medida en que no aceptemos alguna parte de la Palabra de Dios, en esa misma medida somos necios.

Un creyente también actúa como un necio cuando es desobediente. "¡Oh gálatas insensatos! ¿quién os fascinó para no obedecer a la verdad, a vosotros ante cuyos ojos Jesucristo fue ya presentado claramente entre vosotros como crucificado? ... ¿Tan necios sois? ¿Habiendo comenzado por el Espíritu, ahora vais a acabar por la carne?" (Gá. 3:1, 3). Al no aferrarse a la doctrina de salvación por fe solamente, los gálatas cayeron presa de la herejía según la cual un gentil debe convertirse en judío por ritualismo antes de poder convertirse en cristiano.

Los creyentes también actúan como necios al poner sus corazones en cosas erróneas. Pablo dijo a Timoteo, por ejemplo, que "los que quieren enriquecerse caen en tentación y lazo, y en muchas codicias necias y dañosas, que hunden a los hombres en destrucción y perdición" (1 Ti. 6:9). Es trágico que muchos cristianos se comporten neciamente al no creer que Dios cumple su Palabra en todo lo que dice, ni le obedecen en todo lo que Él manda y desean muchas cosas contra las que Él advierte claramente. No hay excusa para que los cristianos vivan con necedad cuando el hecho es que la sabiduría de Dios les pertenece. "El que quiera hacer la voluntad de Dios, conocerá si la doctrina es de Dios, o si yo hablo por mi propia cuenta", dijo Jesús a los judíos (Jn. 7:17). Los cristianos que tienen el deseo genuino de conocer la verdad de Dios nunca tendrán dudas al respecto porque cuentan con todos los recursos que necesitan para ser "sabios para el bien, e ingenuos para el mal" (Ro. 16:19).

Muchas personas en el mundo están dedicadas con fanatismo a una ideología, una religión o una moda. El comunista dedicado sacrifica todo por el partido. El miembro de una secta está dispuesto a dar todos sus ingresos a su gurú. El entusiasta de la condición física nunca perderá una clase de ejercicios ni ingerirá una caloría de más. Por medio de una autodisciplina increíble, los hombres que buscan la aceptación de sus deidades se han entrenado durante años para caminar sobre brasas ardientes y acostarse en camas con puntillas y vidrios como evidencia de su compromiso religioso.

Pero no todos se dedican a dioses falsos. Hace unos años conocí a una joven recién convertida que era atleta profesional y estaba en los registros de marcas nacionales. Para mantenerse en forma corría veinte kilómetros cada día. Como un mes más tarde se acercó después de un culto dominical y preguntó si la recordaba. Me parecía familiar, pero había cambiado tanto durante ese breve tiempo que no la pude reconocer. Me dijo quién era y explicó que había adquirido una enfermedad que los médicos no habían podido diagnosticar todavía y que le había dejado a duras penas con la capacidad de caminar. Sin embargo, en lugar de desanimarse, dijo que tenía la determinación de canalizar la disciplina que la había convertido en una atleta excelente, a fin de tener disciplina para las cosas del Señor. Esa es la marca de un cristiano sabio.

Los privilegios limitados del creyente

aprovechando bien el tiempo, porque los días son malos. (5:16)

Es común no terminar lo que empezamos. Algunas veces, una sinfonía queda inconclusa, una pintura queda incompleta o un proyecto a medio hacer porque el músico, el pintor o el trabajador mueren. Sin embargo, por lo general es la muerte del compromiso de una persona lo que ocasiona la no finalización de una obra. Los sueños nunca realizados y las esperanzas no materializadas se deben a que quienes trabajan con miras a su realización nunca avanzan más allá de los primeros pasos. Para muchas personas, incluidos muchos cristianos, la vida puede ser una serie de sinfonías inconclusas. Hasta en las oportunidades comunes de la vida cristiana cotidiana, los que son en verdad productivos se han convertido en expertos del uso fructífero de las horas y los días de sus vidas.

Sea en el campo artístico, de los negocios, de las relaciones personales o en el campo espiritual, nadie puede convertir un sueño en realidad o sacar una ventaja plena de las oportunidades que se le presentan, si no se mantiene "aprovechando bien el tiempo".

Pablo no empleó aquí el término *jrónos* que alude al tiempo que se mide con un reloj y que se divide en horas, minutos y segundos. Usó en cambio *kairós,* que denota una temporada o época concreta, medida y fija. La idea de un período fijo también se ve en el uso del artículo definido en el texto griego, que se refiere a *el* tiempo, un concepto que se halla con frecuencia en las Escrituras (cp. Éx. 9:5; 1 P. 1:17). Dios ha establecido límite a nuestra vida, y nuestra oportunidad para el servicio solo existe dentro de esos límites. Es significativo que la Biblia dice que tales tiempos han sido acortados, pero nunca habla de que sean alargados. Una persona puede morir o perder una oportunidad antes del final fijado en el tiempo de Dios, pero no tiene razón para esperar que su vida o su oportunidad continúen después del fin de su tiempo predeterminado.

Maximicemos nuestro tiempo

Habiendo ligado en su soberanía nuestra vida con la eternidad, Dios conoce tanto el principio como el final de nuestro tiempo en la tierra. Como creyentes podemos alcanzar nuestra potencialidad en su servicio, solo en la medida en que aprovechemos al máximo el tiempo que nos ha dado para vivir aquí.

Una estatua cerca del estadio de la antigua Olimpia representaba a Kairós, el antiguo dios griego de la oportunidad, que se decía era el hijo más joven de Zeus.[4] Esculpido por Lísipo, un escultor del siglo IV a.C., Kairos estaba representado como un hombre con alas en sus pies, un largo mechón al frente de su cabeza y ni un solo

---

4. Pausanias, *Description of Greece*, vol. 2, libro 5.14.9, trad. W. H. S. Jones (Cambridge, MA: Harvard University Press, s.f.); http://www.theoi .com/ Daimon/Kairos.html. Pausanias, un viajero romano, escribió este libro de viajes en el segundo siglo después de Cristo, en el que describe la cultura de la antigua Grecia, sus monumentos y sus mitos (incluye también la poesía romana).

cabello por detrás. Al pie se leía esta inscripción: "¿Quién te hizo? Lísipo me hizo. ¿Cuál es tu nombre? Mi nombre es Oportunidad. ¿Por qué tienes alas en los pies? Para que pueda alejarme volando con rapidez. ¿Por qué tienes un mechón tan largo al frente? Para que los hombres me puedan atrapar cuando llegue. ¿Por qué eres calvo por detrás? Para que después de pasar al frente, ya nadie me pueda atrapar".

Exagorázo ("aprovechando") tiene el significado básico de comprar, en especial de comprar de nuevo algo vendido o comprar todas las existencias. Se empleaba con relación a la compra de un esclavo con fines de ponerle en libertad; por eso la idea de redimir el tiempo está implícita en este versículo. Debemos invertir, emplear al máximo o redimir todo el tiempo que tenemos disponible y dedicarlo al Señor. El término griego está en voz media, indicando que debemos comprar el tiempo nosotros mismos, para nuestro propio uso pero en el servicio del Señor.

Pablo nos pide que aprovechemos bien nuestro tiempo e inmediatamente después nos insta a andar sabia y no neciamente. Aparte de la desobediencia voluntaria y deliberada de la Palabra de Dios, la cosa más necia espiritualmente que un cristiano puede hacer es desperdiciar el tiempo y las oportunidades, consumir su vida con trivialidades y con un servicio mediocre al Señor.

Shakespeare escribió:

Hay una corriente en los asuntos de los hombres,
que aprovechada en el diluvio lleva a la fortuna;
pero omitida es vía segura a la futilidad y la miseria
durante el decurso de toda la vida.
(*Julio César*, 4.3.217)

Napoleón dijo: "En medio de toda gran batalla hay un período de diez a quince minutos que es su punto crucial y decisivo.

Aprovecha ese lapso de tiempo y ganarás la batalla; piérdelo y serás derrotado".

Cuando andamos de manera obediente en el camino angosto del evangelio, andamos con cuidado y aprovechando bien el tiempo que tenemos a disposición. Aprovechamos por completo cada oportunidad para servir a Dios, redimiendo nuestro tiempo a fin de usarlo para su gloria. Aprovechamos cada oportunidad para evitar el pecado y seguir la justicia. "Así que", dijo Pablo, "según tengamos oportunidad, hagamos bien a todos, y mayormente a los de la familia de la fe" (Gá. 6:10).

Por sus propias razones, Dios permite que algunos de sus hijos vivan y le sirvan hasta bien entrados en años. A otros solo concede pocos años o aun contadas semanas, pero ninguno de nosotros sabe cuán largo o corto será su tiempo asignado sobre la tierra.

Cuando era niño, tenía un amigo que, como yo, planeaba ser pastor cuando fuera mayor. Me contaba muchas veces sus planes de terminar el bachillerato, ir a la universidad, estudiar en el seminario y entrar al pastorado. Pero en su último año de secundaria mi amigo estaba conduciendo su automóvil descapotable por una calle cuando de repente los frenos se bloquearon, y salió disparado como por una catapulta, cayendo sobre su cabeza en la calle y muriendo al instante.

Felipe Melanchthon, el gran reformador del siglo XVI, mantenía un registro escrito de todos los momentos desperdiciados y presentaba la lista a Dios como parte de su confesión al final de cada día. No es de extrañarse que Dios le usara de una manera tan poderosa.

Muchos textos bíblicos son como faros de advertencia para aquellos que creen que siempre tienen tiempo para hacer lo que deben. Dos de los más notables son el arca de Noé y la parábola de las vírgenes insensatas. Cuando Noé y su familia entraron al arca y la puerta fue cerrada, se acabó la oportunidad de que cualquier otra persona se salvara del diluvio. Las cinco vírgenes insensatas, que dejaron agotar su aceite antes que el novio llegara, fueron dejadas fuera del banquete de bodas (Mt. 25:8-10).

"Me es necesario hacer las obras del que me envió", dijo Jesús, "entre tanto que el día dura; la noche viene, cuando nadie puede trabajar" (Jn. 9:4). A los fariseos incrédulos dijo: "Yo me voy, y me buscaréis, pero en vuestro pecado moriréis; a donde yo voy, vosotros no podéis venir" (Jn. 8:21). Tras siglos de Dios ofrecer su gracia a Israel, Jesús se lamentó: "Jerusalén, Jerusalén, que matas a los profetas, y apedreas a los que te son enviados! ¡Cuántas veces quise juntar a tus hijos, como la gallina junta sus polluelos debajo de las alas, y no quisiste!" (Mt. 23:37). Judas, el ejemplo más trágico de una oportunidad desperdiciada, pasó tres años en la presencia misma del Hijo de Dios, como parte del círculo íntimo de sus discípulos y, sin embargo, traicionó a su Señor y vendió su alma por treinta monedas de plata.

Reconozcamos la brevedad de nuestro tiempo en la tierra

Pedro dijo: "si invocáis por Padre a aquel que sin acepción de personas juzga según la obra de cada uno, conducíos en temor todo el tiempo de vuestra peregrinación" (1 P. 1:17). En su discurso de despedida a los ancianos de Éfeso en Mileto, Pablo dijo: "de ninguna cosa hago caso, ni estimo preciosa mi vida para mí mismo, con tal que acabe mi carrera con gozo, y el ministerio que recibí del Señor Jesús" (Hch. 20:24). El recorrido de Pablo fue prescrito por Dios, y dentro de ese curso de vida él ministraría hasta su último aliento de vida física. El apóstol estaba determinado a correr con paciencia y constancia la carrera puesta delante de él (véase He. 12:1). Por esa razón, al final de su vida pudo decir: "He peleado la buena batalla, he acabado la carrera, he guardado la fe" (2 Ti. 4:7).

David tenía una gran conciencia y percepción del tiempo, como lo demuestra su oración: "¿Hasta cuándo, oh Jehová? ¿Te esconderás para siempre? ... Recuerda cuán breve es mi tiempo" (Sal. 89:46-47). En medio de su congoja, angustia y dolor llegó a sentirse desviado de lo que debería estar haciendo, y también desertado por Dios. Por lo tanto, preguntó a Dios cuánto tiempo más estaría a la deriva. Sabía que solo podía vivir un tiempo determinado y que cualquier cosa que hiciera por el Señor tendría que llevarse a cabo durante ese tiempo. En otra ocasión oró: "Hazme saber, Jehová, mi fin, Y cuánta sea la medida de mis días; sepa yo cuán frágil soy. He aquí, diste a mis días término corto, y mi edad es como nada delante de ti" (Sal. 39:4-5).

Pablo habló a los corintios acerca de que ese tiempo era susceptible de ser acortado (1 Co. 7:29), y Santiago advirtió: "¡Vamos ahora! los que decís: Hoy y mañana iremos a tal ciudad, y estaremos allá un año, y traficaremos, y ganaremos; cuando no sabéis lo que será mañana. Porque ¿qué es vuestra vida? Ciertamente es neblina que se aparece por un poco de tiempo, y luego se desvanece" (Stg. 4:13-14).

Kefa Sempangi era un pastor nacional en África y a duras penas escapó con su familia de la brutalidad de la opresión y el terror en Uganda, su país natal.[5] Llegaron hasta la ciudad de Filadelfia, donde un grupo de cristianos empezó a cuidarles. Un día, su esposa dijo: "Mañana voy a salir a comprar algo de ropa para los niños", y de inmediato ella y su esposo estallaron en llanto. A causa de la amenaza constante de muerte bajo la que habían vivido por tanto tiempo, esa era la primera vez en muchos años, que se habían atrevido tan siquiera a pronunciar la palabra *mañana*.

Sus experiencias aterradoras les obligaron a darse cuenta de lo que es cierto para toda persona: no hay seguridad alguna del mañana. Solo podemos estar seguros de lo que tenemos en este mismo momento. Para el agricultor ufano que tenía planes grandiosos de

---

5. Se cuenta la historia de Kefa Sempangi en F. Kefa Sempangi, *A Distant Grief* (Glendale, CA: Regal, 1979; reimp., Eugene, OR: Wipf and Stock, 2006).

construir un granero más grande para almacenar sus cosechas, el Señor le dijo: "Necio, esta noche vienen a pedirte tu alma; y lo que has provisto, ¿de quién será?" (Lc. 12:20). Ese hombre ya había vivido su último mañana, pero se negaba a vivir en el presente.

La experiencia de esa familia africana también muestra de forma dramática la verdad de que "los días son malos". Debemos aprovechar al máximo nuestras oportunidades no solo porque nuestros días están contados sino porque el mundo siempre se opone a nosotros y procura estorbar nuestra obra para el Señor. Tenemos poco tiempo y mucha oposición.

Puesto que "los días son malos", nuestras oportunidades para hacer justicia con libertad quedan muchas veces limitadas. Cuando tenemos oportunidad de hacer algo por causa de su nombre y para su gloria, debemos hacerlo con todo lo que tenemos. El corazón de Dios llora al ver a sus hijos ignorar o aprovechar a medias las oportunidades que les envía una tras otra todo el tiempo. Cada momento de cada día debería estar lleno de cosas buenas, cosas justas y cosas que glorifiquen al Señor.

Caer presa o permanecer fiel

Al decir "los días son malos" puede ser que Pablo tuviera en mente algo específico como el estilo de vida corrupto y disipado que caracterizaba a la mayoría de los habitantes de la ciudad de Éfeso. Los cristianos allí estaban rodeados por paganismo e infiltrados por herejías (véase 4:14). Avaricia, deshonestidad e inmoralidad eran parte intrínseca de la manera de vivir en Éfeso, además casi todos los creyentes habían estado antes involucrados en ese estilo de vida y se veían tentados a recaer en él (4:19-32; 5:3-8).

Menos de cien años después que Pablo escribió la epístola a los efesios, el Imperio romano estaba persiguiendo a los cristianos con crueldad e intensidad crecientes. Los creyentes eran quemados vivos, arrojados a bestias salvajes y tratados brutalmente de maneras incontables e inauditas. Para la iglesia en Éfeso, los días malos iban a ser cada vez peores. Varias décadas después que Pablo escribió esta epístola, el Señor elogió a la iglesia en Éfeso por sus buenas obras, su perseverancia y su resistencia en contra de las falsas enseñanzas. "Pero tengo contra ti, que has dejado tu primer amor" (Ap. 2:2, 4). Debido a que la iglesia continuaba languideciendo en su devoción al Señor, su candelero iba a ser quitado de su lugar como Él había advertido que sucedería si los creyentes de ese lugar no se arrepentían y hacían las primeras obras (v. 5). En algún momento durante el siglo segundo, la iglesia en Éfeso desapareció, y no ha habido una congregación en ese lugar desde entonces. Por cuanto la iglesia en Éfeso no atendió el consejo de Pablo y la advertencia específica del Señor mismo, la consecuencia fue que dejó de existir. En lugar de ayudar a redimir el tiempo en medio de los días malos en que existió, la iglesia cayó presa de su influencia destructiva.

Si en los días de los apóstoles era necesario cierto sentido de urgencia, ¿cuánto más se necesita hoy día, cuando estamos mucho más cerca del regreso del Señor y el fin de la oportunidad (véase Ro. 13:11-14)?

En el tiempo que el pastor Kefa Sempangi, mencionado anteriormente, empezó a ministrar en su iglesia de Uganda, el crecimiento era lento pero constante. Idi Amin había subido al poder militar y político y el pueblo esperaba que las condiciones de vida en su país mejoraran. No obstante, en poco tiempo empezaron a desaparecer amigos y vecinos, en especial aquellos que eran cristianos. Cierto día, el pastor Sempangi visitó el hogar de una familia y solo pudo encontrar a uno de los hijos, quien estaba de pie en el interior de la vivienda, con la mirada absorta al vacío y los brazos estáticos en el aire. Descubrieron que había permanecido rígido en ese estado traumático durante varios días, después de haber sido forzado a observar la muerte violenta y el descuartizamiento brutal de todos los demás miembros de su familia.

Al enfrentarse a un peligro tan inesperado y espantoso, la iglesia del pastor Sempangi entendió de inmediato que la vida tal como la habían conocido hasta ese momento había llegado a su fin, y que la existencia misma del pueblo de Dios y de la obra del Señor en su tierra estaba amenazada de extinción. Empezaron vigilias continuas de oración, turnándose para orar durante largas horas cada uno. Cuando no estaban orando, se dedicaban a testificar a sus vecinos y amigos, urgiéndoles a recibir a Cristo y ser salvos.

La iglesia en Uganda permanece en la actualidad y no ha muerto. En muchos sentidos es más fuerte que nunca antes. Su candelero sigue en su lugar y brilla con fuerza y claridad para el Señor, porque su pueblo aprovechó al máximo el tiempo en medio de días muy malos, no sucumbió ante la maldad de la época en que vivieron y no dejó su primer amor. A muchos les costó hasta la vida, pero demostraron una vez más que la sangre de los mártires es la semilla más fértil de la Iglesia.

Los propósitos del Señor

Por tanto, no seáis insensatos, sino entendidos de cuál sea la voluntad del Señor. (5:17)

"No seáis insensatos" es una frase que reitera y refuerza la apelación previa de Pablo a los creyentes para que no sean necios ni faltos de sabiduría, y "entendidos de cuál sea la voluntad del Señor" expande el tema y hace más explícita su exhortación para que anden sabiamente (v. 15).

A la luz de la urgencia de aprovechar nuestro tiempo al máximo, no ser insensatos incluye, entre otras cosas, no caer víctimas de la ansiedad y el pánico. Al mirar que hay maldad por todos lados y la gran necesidad de evangelismo y servicio a otros en el nombre de Cristo, es fácil sentirse abrumado. Nos vemos tentados a darnos por rendidos y retirarnos o, por otro lado, a volvernos hiperactivos, perdiendo así precisión, propósito y efectividad en un delirio de actividades superficiales.

Sin embargo, el sentido apropiado de urgencia motiva y moviliza al creyente sabio a querer más que nunca ser "entendido de cuál sea la voluntad del Señor", porque sabe que solo en la voluntad y el poder del Señor pueden lograrse cosas buenas de valor y efecto duraderos. Los creyentes sabios no son insensatos, corriendo frenéticos en todas las direcciones, tratando de participar en la mayor cantidad de programas y proyectos posibles. Tal actividad puede volverse infructuosa y fútil con gran facilidad, y conduce al desgaste, el derroche de energías y el desánimo, porque funciona en el poder de la carne aun si se emprende con buenas intenciones. Tratar de correr y llevarle la delantera a Dios solo nos atrasa todavía más en la realización de su obra.

La obra de muchas iglesias se vería fortalecida en gran manera si se redujera la cantidad de programas y actividades superfluas que se planean para cada año, si se buscara con mayor esmero y humildad la voluntad del Señor, y se aplicaran los principios de su palabra con mayor fidelidad. Cuando nuestras prioridades son las prioridades de Dios, Él está en libertad de obrar en nosotros y por medio de nosotros para lograr cosas grandes; pero cuando nuestras prioridades no son sus prioridades, Él puede hacer muy poco con nosotros porque cuenta con muy poco de nosotros.

El creyente insensato que se comporta de una manera necia trata de funcionar aparte de la voluntad de Dios, y el resultado inevitable es debilidad, frustración e ineficacia, tanto en su vida personal como en su labor para Dios. La única cura para tal insensatez consiste en hallar y seguir la voluntad del Señor.

La voluntad básica de Dios se encuentra, por supuesto, en las Escrituras. Allí encontramos sus pautas perfectas y suficientes para conocer y hacer lo que le agrada. No obstante, la voluntad de la que Pablo parece hablar aquí es la dirección específica del

Señor en la vida de los creyentes individuales. Aunque sus planes y direcciones para cada creyente no se encuentran en la Biblia, los principios generales para entenderlas sí están allí. Dios no promete mostrarnos su voluntad por medio de visiones, coincidencias raras o milagros. Tampoco juega a las adivinanzas con nosotros para ver si de repente nos topamos con su voluntad como un niño encuentra un huevo de Pascua escondido en algún lugar de la casa. El deseo más profundo de Dios para todos sus hijos es que conozcan y obedezcan su voluntad, y Él nos da toda la ayuda necesaria para conocerla y obedecerla.

La voluntad de Dios para nuestra vida es primero que todo que le pertenezcamos por medio de Jesucristo. Su voluntad primordial y básica para cada persona es que sea salva e incorporada en la familia y en el reino de Dios (1 Ti. 2:3-4). La voluntad de Dios también es que seamos llenos de su Espíritu. Como Pablo prosiguió a enseñar en el versículo siguiente: "No os embriaguéis con vino, en lo cual hay disolución; antes bien sed llenos del Espíritu" (Ef. 5:18).

Experimentamos la voluntad de Dios al ser santificados. "La voluntad de Dios es vuestra santificación" (1 Ts. 4:3), dijo Pablo. Además, disfrutamos su voluntad por medio de la sumisión debida y apropiada a nuestros semejantes. "Por causa del Señor someteos a toda institución humana, ya sea al rey, como a superior, ya a los gobernadores, como por él enviados para castigo de los malhechores y alabanza de los que hacen bien. Porque esta es la voluntad de Dios: que haciendo bien, hagáis callar la ignorancia de los hombres insensatos" (1 P. 2:13-15). De igual forma, debemos someternos a los líderes en la iglesia: "Obedeced a vuestros pastores, y sujetaos a ellos; porque ellos velan por vuestras almas, como quienes han de dar cuenta" (He. 13:17).

La voluntad de Dios puede incluir el sufrimiento: "Mas si haciendo lo bueno sufrís, y lo soportáis, esto ciertamente es aprobado delante de Dios" (1 P. 2:20; cp. 3:17; 5:10). La voluntad de Dios se cumple a perfección en la acción de gracias del creyente sin importar cuál sea la circunstancia. "Dad gracias en todo, porque esta es la voluntad de Dios para con vosotros en Cristo Jesús" (1 Ts. 5:18).

Cuando una persona es salvada, santificada, sumisa, sufrida y agradecida, ya se encuentra *en* la voluntad de Dios. "Deléitate asimismo en Jehová, y él te concederá las peticiones de tu corazón" (Sal. 37:4), nos asegura David basado en su propia experiencia. En otras palabras, cuando *somos* lo que Dios quiere que seamos, Él está en control y nuestra voluntad se funde con la suya, por lo tanto Él nos concede los deseos que Él mismo ha implantado en nuestros corazones.

Jesús es nuestro ejemplo supremo de cumplimiento perfecto de los mandatos de Efesios 5:15-17. Él siempre funcionó de acuerdo con los principios divinos establecidos por su Padre: "De cierto, de cierto os digo: No puede el Hijo hacer nada por sí mismo, sino lo que ve hacer al Padre; porque todo lo que el Padre hace, también lo hace el Hijo igualmente" (Jn. 5:19; cp. v. 30). Segundo, Jesús sabía que su tiempo de ministerio terrenal era breve y pronto llegaría a su final, como se ve en dichos frecuentes como "Mi tiempo aún no ha llegado". Él siempre funcionó dentro de los parámetros de su privilegio limitado de tiempo y oportunidad, aprovechando cada momento de su vida en la obra de su Padre. Tercero, Jesús siempre operó de acuerdo a los propósitos de su Padre. "Mi comida es que haga la voluntad del que me envió, y que acabe su obra" (Jn. 4:34).

"Puesto que", dijo Pedro, "Cristo ha padecido por nosotros en la carne, vosotros también armaos del mismo pensamiento; pues quien ha padecido en la carne, terminó con el pecado, para no vivir el tiempo que resta en la carne, conforme a las concupiscencias de los hombres, sino conforme a la voluntad de Dios" (1 P. 4:1-2).

Las palabras de David expresan la respuesta adecuada a esta

enseñanza: "Misericordia y juicio cantaré; a ti cantaré yo, oh Jehová. Entenderé el camino de la perfección cuando vengas a mí. En la integridad de mi corazón andaré" (Sal. 101:1-2).

Capítulo 8

ANDEMOS EN LA VERDAD

2 Juan 1-4

El anciano a la señora elegida y a sus hijos, a quienes yo amo en la verdad; y no sólo yo, sino también todos los que han conocido la verdad, a causa de la verdad que permanece en nosotros, y estará para siempre con nosotros: Sea con vosotros gracia, misericordia y paz, de Dios Padre y del Señor Jesucristo, Hijo del Padre, en verdad y en amor. Mucho me regocijé porque he hallado a algunos de tus hijos andando en la verdad, conforme al mandamiento que recibimos del Padre. (1-4)

Cuando Pilato preguntó cínicamente: "¿Qué es la verdad?" (Jn. 18:38), reflejó la opinión de muchas personas hoy día. El posmodernismo ve el concepto de la verdad con escepticismo. Muchos creen que no existe tal cosa como una verdad absoluta o, si la hay, que no se puede conocer. Argumentan que ciertamente no hay verdad religiosa, que la religión es simplemente una preferencia personal, como los gustos por el arte, la música o la literatura.

Sin embargo, la verdad —la verdad divina y absoluta— *sí* existe, y es la realidad más importante en el universo. Cuando Marta se quejó que su hermana no le estaba ayudando a servir, Jesús contestó: "Marta, Marta, afanada y turbada estás con muchas cosas. Pero sólo una cosa es necesaria; y María ha escogido la buena parte, la cual no le será quitada" (Lc. 10:41-42). No había mayor prioridad para María que sentarse a los pies de Jesús a oír su palabra de verdad (v. 39).

La verdad es un bien preciado, más valioso que todas las riquezas terrenales (cp. Sal. 119:72, 127); una vez hallada es necesario aferrarse a ella a cualquier precio. Por eso, Proverbios 23:23 exhorta: "Compra la verdad, y no la vendas".

LA BIBLIA Y EL TEMA DE LA VERDAD

La Biblia, la Palabra de verdad (Sal. 119:160; Jn. 17:17; 2 Co. 6:7; 2 Ti. 2:15; Stg. 1:18), se especializa en el tema de la verdad. Dios es el "Dios de verdad" (Sal. 31:5; Is. 65:16), que abunda en verdad (Éx. 34:6) y siempre habla la verdad (2 S. 7:28; cp. Nm. 23:19; Tit. 1:2); Cristo es la verdad (Jn. 14:6; Ef. 4:21), está lleno de verdad (Jn. 1:14), reveló la verdad (Jn. 1:17), habló la verdad (Jn. 8:45-46), y dio testimonio de la verdad (Jn. 18:37); el Espíritu Santo es el Espíritu de verdad (Jn. 14:17; 15:26; 16:13; 1 Jn. 5:6). La verdad de Dios es eterna (Sal. 117:2), infinita (Sal. 57:10; 86:15; 108:4), y salvadora (Sal. 69:13).

Además, la salvación viene por fe en la verdad (2 Ts. 2:13; cp. 1 Ti. 2:4; 2 Ti. 2:25). Los creyentes son santificados por la verdad (Jn. 17:17), aman la verdad (cp. 2 Ts. 2:10), son libres por la verdad (Jn. 8:32), adoran en verdad (Jn. 4:23-24), se regocijan en la verdad (1 Co. 13:6), hablan la verdad (Ef. 4:15, 25), meditan en la verdad (Fil. 4:8), manifiestan la verdad (2 Co. 4:2), obedecen la verdad (1 P. 1:22), son guiados por la verdad (Sal. 25:5; 43:3) y, más ampliamente, caminan en la verdad (1 R. 2:4; 3:6; 2 R. 20:3; Sal. 26:3; 86:11).

Los creyentes debemos estar comprometidos con la verdad porque existimos en el mundo, el cual es el reino de Satanás (1 Jn. 5:19), el "padre de mentira" (Jn. 8:44). Él se esfuerza por evitar que los pecadores comprendan y crean la verdad; él es "el dios de este siglo [que] cegó el entendimiento de los incrédulos, para que no les resplandezca la luz del evangelio de la gloria de Cristo, el cual es la imagen de Dios" (2 Co. 4:4). Como resultado, "cada uno engaña a su compañero, y ninguno habla verdad; acostumbraron su lengua a hablar mentira" (Jer. 9:5). Los incrédulos son "hombres corruptos de entendimiento y privados de la verdad" (1 Ti. 6:5), que "resisten a la verdad" (2 Ti. 3:8) "y apartarán de la verdad el oído" (2 Ti. 4:4) porque "cambiaron la verdad de Dios por la mentira" (Ro. 1:25).

LA IGLESIA Y EL TEMA DE LA VERDAD

En un mundo de mentiras, la Iglesia está llamada a ser "columna y baluarte de la verdad" (1 Ti. 3:15). La metáfora de Pablo la habrían entendido fácilmente Timoteo y su congregación en Éfeso. Situado en esa ciudad estaba el templo de Diana (Artemisa; Hch. 19:23-28), una de las Siete Maravillas del Mundo Antiguo. El techo del inmenso templo lo sostenían 127 columnas, que reposaban sobre un enorme cimiento. Así como ese templo era un monumento a las mentiras de Satanás, así la Iglesia debe ser un monumento a la verdad de Dios. La misión de la Iglesia es vivir en forma inamovible e inquebrantable, defender, proteger y predicar la verdad de la Palabra de Dios; es proclamar "todo el consejo de Dios" (Hch. 20:27), no solamente la parte de la verdad divina que es inofensiva para la cultura que nos rodea. En las palabras de Martín Lutero, un campeón incondicional de la controversia necesaria:

> Si yo profesara con la voz más alta y la más clara exposición cada punto de la verdad de Dios menos precisamente ese puntito que el mundo y el diablo están atacando en ese momento, no estaría *confesando* a Cristo, por audazmente que pudiera estar *profesando* a Cristo. Cuando la batalla se recrudece, es cuando se prueba la lealtad del soldado, y ser constante en todo el campo de batalla es simple huida y vergüenza si se acobarda en ese punto.[1]

---

1. *D. Martin Luthers Werke, Kritische Gesamtausgabe. Briefwechesel*, 18 vols. (Weimar, Alemania: Verlag Hermann Bohlaus Nachfolger, 1930–1985) 3:81; cursivas añadidas.

Cualquier llamada iglesia que no ejerza su mayordomía de la verdad de Dios enfrenta el juicio divino, así como ocurrió con los judíos por no defender y vivir la verdad del Antiguo Testamento que les fue encomendada (cp. Ro. 2:23-24). Sin embargo, a lo largo de la historia, la Iglesia verdadera se ha aferrado tenazmente a la verdad, a pesar de las tormentas de persecución, dolor al rechazo, y asaltos enemigos tanto por dentro como por fuera de sus líneas (cp. Hch. 20:29-30). Miles y miles han padecido martirio por no transigir o abandonar la verdad.

Estratégicamente, las últimas epístolas del Nuevo Testamento hacen hincapié en la prioridad de la verdad (2 y 3 Juan), y en la necesidad de contender por ella frente a los mentirosos apóstatas (como los describe Judas).

Juan escribió sus dos breves cartas —más bien tarjetas postales que cartas— para destacar la importancia de la verdad. *Alétheia* ("verdad") aparece cinco veces en esta sección inicial de 2 Juan y seis veces en la más breve 3 Juan. Aunque cada una es una carta personal para un individuo, Juan estaba escribiendo la revelación inspirada de Dios que era para el pueblo de Dios a través del tiempo. Al reconocer que todos los lectores de su carta enfrentaban y siempre enfrentarían un mundo de mentiras y engaño, Juan escribió para llamarlos a vivir en la verdad de Dios, amar dentro de los límites de la verdad, y ser leales y buscar la verdad. En los versículos iniciales, Juan revela cuatro características de vivir en la verdad: la verdad une a los creyentes, permanece en ellos, los bendice, y los controla.

LA VERDAD UNE A LOS CREYENTES

El anciano a la señora elegida y a sus hijos, a quienes yo amo en la verdad; y no sólo yo, sino también todos los que han conocido la verdad, (1)

Para cuando escribió esta epístola, Juan era un hombre muy anciano, el último apóstol sobreviviente. Aun así, su referencia a sí mismo como "el anciano" (*presbúteros* con el artículo definido) no resalta tanto su edad como su posición de supervisor espiritual de la Iglesia. En el Nuevo Testamento, el término, tomado del uso conocido del Antiguo Testamento (cp. Lv. 4:15; Nm. 11:25; Dt. 25:7-8, etc.), se refiere generalmente al cargo de anciano (la excepción es en 1 Ti. 5:1, donde se refiere simplemente a un hombre mayor); el término relacionado *presbútes* (traducido "viejo" en Lc. 1:18 y "anciano" en Flm. 9) describe a un hombre mayor sin referencia a un papel de liderazgo. La descripción que Juan hace de sí mismo refuerza la verdad de que escribió esta epístola; si alguien lo hubiera personificado, tal vez habría preferido el título "apóstol", mientas que un escritor que no tratara de personificarlo quizás no se habría llamado a sí mismo *el* anciano.[2] Juan no necesitaba referirse a sí como un apóstol porque sus lectores lo conocían y lo aceptaban como tal, aunque en la experiencia de la iglesia les servía como su pastor.

En el tiempo del Nuevo Testamento, las iglesias fueron siempre enseñadas y dirigidas por una pluralidad de ancianos (Hch. 11:30; 14:23; 15:2, 4, 6, 22, 23; 16:4; 20:17; 21:18; 1 Ti. 5:17; Tit. 1:5; Stg. 5:14; 1 P. 5:1, 5). Pero aunque habría otros ancianos que servían con Juan en Éfeso (cp. Hch. 20:17), él era el anciano patriarcal, cuya autoridad y supervisión se extendía más allá de Éfeso. Al igual que Pedro (1 P. 5:1), Juan era anciano y apóstol; como el último de los apóstoles, él era *el* anciano, el más distinguido de todos los ancianos; el único anciano vivo que fue elegido para ser un apóstol por parte del Señor Jesucristo y fue miembro del círculo más íntimo de los doce apóstoles; quien fuera reconocido por él

---

2. Cp. Alfred Plummer, *The Epistles of St. John,* The Cambridge Bible for Schools and Colleges (Cambridge: Cambridge Univ., 1911), p. 175.

mismo como el "discípulo, aquel al que amaba Jesús" (Jn. 20:2; cp. 13:23; 19:26; 21:7, 20). Al contrario de los falsos maestros, Juan era el abanderado de la tradición apostólica.

"La señora elegida" a quien Juan dirigió esta carta era una mujer real, no una iglesia. "Señora" es la traducción de la forma femenina del sustantivo *kúrios* ("señor"). El esposo es el "señor" de la casa como su cabeza divinamente ordenada (cp. 1 Co. 11:3; Ef. 5:23), pero la señora también tenía su esfera de autoridad y responsabilidad (cp. Tit. 2:3-5 y 1 Ti. 5:14, donde "cuidadosas de su casa" se traduce de un verbo griego que literalmente significa "gobernar o administrar una casa"). El hecho de que no se mencione al esposo podría indicar que la mujer era viuda. En todo caso, ella era responsable por proveer hospitalidad en el hogar, según lo clarifica 1 Timoteo 5:9-10. Puesto que Juan también se dirigió a los hijos de la señora, quizás ellos también estaban viviendo en casa con ella. Era típico que las familias compartieran una casa común, incluso después que los hijos se hubieran casado.

La descripción que Juan hace de esta mujer (y su hermana; v. 13) como "elegida" —de la palabra griega *eklektós* ("seleccionado", "escogido", "elección")— refleja la verdad bíblica de que Dios en su soberanía elige a los creyentes para salvación (Mt. 22:14; 24:22, 24, 31; Mr. 13:20, 22, 27; Lc. 18:7; Ro. 8:33; Col. 3:12; 2 Ti. 2:10; Tit. 1:1; 1 P. 1:1; 2:9; 2 Jn. 13; Ap. 17:14).[3] A diferencia de quienes tienen un débil punto de vista de la soberanía divina, los escritores del Nuevo Testamento no dudaron en referirse a los creyentes como "los escogidos". Es más, el mismo Señor Jesucristo hizo eso en Mateo 24:22: "Y si aquellos días no fuesen acortados, nadie sería salvo; mas por causa de los escogidos, aquellos días serán acortados". El término no es menos apropiado que las expresio-

---

3. Otros pasajes del Nuevo Testamento que traducen *elektos* como "ordenados", "escogidos", "llamados" o "predestinados" son Hechos 13:48; Romanos 8:28-30; Efesios 1:4-5, 11; 2 Tesalonicenses 2:13; 2 Ti. 1:9 y Santiago 2:5.

nes más populares de "hijo de Dios", "salvo", "nacido de nuevo", "creyente", o "cristiano".

La declaración de Juan "yo amo en la verdad" revela su relación personal con esta familia (el pronombre relativo *hous* ["quienes"] es plural y abarca tanto a la dama como a sus hijos). *Ego* ("yo") es enfático, y destaca el amor personal y continuo (el verbo está en tiempo presente) del apóstol por ellos. La palabra amo que tenemos aquí es la devoción y el servicio intencional y espiritual transmitido por el conocido verbo *agapao*. La frase "en la verdad" explica y califica la esfera del amor que Juan les tiene a sus destinatarios. No se refiere a su sinceridad, pues no estaba afirmando que los amaba "de veras", aunque obviamente así era. Más bien, "verdad" se refiere aquí a la encarnación de la verdad del evangelio. Es algo análogo a la expresión frecuente del Nuevo Testamento "la fe" (Hch. 6:7; 13:8; 14:22; 16:5; 1 Co. 16:13; 2 Co. 13:5; Gá. 1:23; Ef. 4:13; Fil. 1:27; Col. 1:23; 1 Ti. 1:2; 3:9; 4:1; 5:8; 6:10, 21; 2 Ti. 3:8; Tit. 1:13; Jud. 3).

La frase de Juan es parecida a la exhortación que Pablo le hace a Tito: "Saluda a los que nos aman en la fe" (Tit. 3:15); es decir, en la verdad objetiva del evangelio. Se refiere a la verdad que ligaba no solo a Juan, sino también a todos los que conocían de verdad a esta dama y sus hijos. La creencia común en la verdad del evangelio es lo que une a todos los creyentes.

La declaración de Juan resume el tema principal de esta breve epístola: que la verdad siempre debe regir el ejercicio del amor. El profundo y mutuo afecto de los cristianos fluye de su compromiso común con la verdad. Juan escribió en su primera carta: "Todo aquel que cree que Jesús es el Cristo, es nacido de Dios; y todo aquel que ama al que engendró, ama también al que ha sido engendrado por él" (1 Jn. 5:1). No podemos tener verdadera comunión con quienes han rechazado la verdad del evangelio, ya que no tenemos ninguna vida espiritual en común con ellos. Tales personas están fuera de la comunidad de creyentes, porque son solo aquellos que han "purificado [sus] almas por la obediencia a la verdad" que pueden tener un "amor fraternal no fingido" (1 P. 1:22).

Puesto que la salvación requiere creer en la verdad, es muy importante para la Iglesia predicar el mensaje correcto. Para producir salvación basta una presentación sencilla y precisa del evangelio, a través del poder transformador del Espíritu Santo. Por otra parte, se recalca que la más cuidadosamente concebida y suavemente pulida de las presentaciones de algo menor al evangelio no salvará.

La vinculación que Juan hace del amor y la verdad demuestra que estas realidades son cualquier cosa menos incompatibles, como algunos están siempre dispuestos a sugerir. Los creyentes deben hablar en amor, pero también con verdad (Ef. 4:15). Minimizar la verdad en nombre del amor es abandonar el amor bíblico, el cual se basa en la verdad. Los propósitos de Dios no se lograrán si se compromete su verdad; el amor por las almas nunca se manifiesta al minimizar la verdad.

La verdad permanece en los creyentes

a causa de la verdad que permanece en nosotros, y estará para siempre con nosotros: (2)

En armonía con su apasionado compromiso con la verdad, Juan escribió esta epístola "a causa de la verdad". Su preocupación era que la señora cristiana a quien se dirigió pudiera comprometer la verdad en nombre de la hospitalidad. El amor, la comunión y la hospitalidad cristiana son vitalmente importantes, ya que manifiestan el poder transformador del evangelio (cp. Ro. 12:13; 1 Ti. 3:2; Tit. 1:8; 1 P. 4:9). Los creyentes son partícipes de un amor espiritual que fluye de su vida eterna común en Cristo. Pero no pueden manifestar genuinamente ese amor si no tienen un compromiso inquebrantable con la verdad de la Palabra de Dios. Esa verdad impregna todos los aspectos de la vida individual y colectiva de la Iglesia, subyacente en toda su predicación, evangelización y comunión.

En un lenguaje que recuerda la promesa de Jesús con relación al Espíritu Santo (Jn. 14:17), Juan escribió que "la verdad que permanece en nosotros, y estará para siempre con nosotros". La comparación es apropiada, ya que el Espíritu Santo es "el Espíritu de verdad" (Jn. 14:17; 15:26; 16:13; 1 Jn. 5:6). Aunque durante la vida no podamos comprender la enorme profundidad de toda la verdad bíblica, todos los verdaderos cristianos conocen la verdad bíblica que salva. Saben que son pecadores, que enfrentan el justo juicio de Dios, y que el perdón viene únicamente por la gracia divina, aparte de las obras, por medio de la fe en el Señor Jesucristo y su sacrificio expiatorio y su resurrección. Si no comprenden esas realidades, no serían cristianos, ya que, como se indicó antes, entender la verdad es necesario para la salvación.

En su primera epístola, Juan enseñó que todos los creyentes pueden discernir entre verdad y error:

> Vosotros tenéis la unción del Santo, y conocéis todas las cosas. No os he escrito como si ignoraseis la verdad, sino porque la conocéis, y porque ninguna mentira procede de la verdad... Pero la unción que vosotros recibisteis de él permanece en vosotros, y no tenéis necesidad de que nadie os enseñe; así como la unción misma os enseña todas las cosas, y es verdadera, y no es mentira, según ella os ha enseñado, permaneced en él (1 Jn. 2:20-21, 27).

Méno ("permanece") es uno de los términos favoritos de Juan, y aparece más de sesenta veces en sus escritos. Se usa en un sentido teológico para referirse a la verdad que reside en los creyentes (1 Jn. 2:14, 24-27; cp. Jn. 5:38, donde Jesús reprende a los judíos incrédulos porque la Palabra no mora en ellos), es decir, en los verdaderos creyentes que permanecen en la Palabra (Jn. 8:31) y que, por tanto, no están en tinieblas espirituales (Jn. 12:46), al Espíritu que permanece en los creyentes (Jn. 14:17; cp. 1 Jn. 4:12, 15, 16) y sobre todo, a creyentes que permanecen en Cristo (Jn. 6:56; 14:10; 15:4-7, 9-10; 1 Jn. 2:6, 10, 28; 3:6, 24; 4:13). La verdad de la Palabra, que permanece en los creyentes "para siempre", les otorga "la mente de Cristo" (1 Co. 2:16).

La verdad bendice a los creyentes

Sea con vosotros gracia, misericordia y paz, de Dios Padre y del Señor Jesucristo, Hijo del Padre, en verdad y en amor. (3)

Aunque las tres palabras aparecen juntas solo aquí y en las cartas de Pablo a Timoteo (1 Ti. 1:2; 2 Ti. 1:2), *gracia, misericordia y paz* son términos conocidos del Nuevo Testamento. A menudo se usan en los saludos de las epístolas. *Gracia* se combina con *paz* en Romanos 1:7, 1 Corintios 1:3, 2 Corintios 1:2, Gálatas 1:3, Efesios 1:2, Filipenses 1:2, Colosenses 1:2, 1 Tesalonicenses 1:1, 2 Tesalonicenses 1:2, Tito 1:4, Filemón 3, 1 Pedro 1:2, 2 Pedro 1:2, y Apocalipsis 1:4; *misericordia* con *paz* en Judas 2. Las tres palabras resumen la progresión del plan de salvación: la gracia de Dios lo llevó a conceder misericordia, lo cual resulta en paz. La gracia ve a los pecadores como culpables e indignos (Ro. 5:20; Ef. 1:7); la misericordia los ve como necesitados e indefensos (Mt. 5:3; Ro. 11:30-32; Ef. 2:4-5; Tit. 3:5; 1 P. 1:3); la paz es el resultado del derramamiento de la gracia y la misericordia de Dios (Hch. 10:36; Ro. 5:1; Ef. 2:14; Col. 1:20). Estas bendiciones divinas, al igual que todo en la vida cristiana, viene solo "de Dios Padre y del Señor Jesucristo, Hijo del Padre". "Toda buena dádiva y todo don perfecto desciende de lo alto, del Padre de las luces, en el cual no hay mudanza, ni sombra de variación" (Stg. 1:17). Y a través del Hijo, "todas las promesas de Dios son en él Sí" (2 Co. 1:20).

Estas bendiciones están presentes cuando los creyentes permiten que la verdad divina domine su mente y corazón, lo que resulta en verdadero amor.

LA VERDAD CONTROLA A LOS CREYENTES

Mucho me regocijé porque he hallado a algunos de tus hijos andando en la verdad, conforme al mandamiento que recibimos del Padre. (4)

A la luz del compromiso de Juan con la verdad, no sorprende que se hubiera regocijado por haber "hallado a algunos de" los hijos de esta señora cristiana "andando en la verdad". Sin duda, el apóstol estaba eufórico por la noticia de que ellos obedecían la revelación divina, noticia que había oído de la hermana o de los hijos de la hermana de ella (cp. v. 13). El hecho de que Juan mencione solo a algunos de los hijos no significa necesariamente que los otros no fueran salvos; el apóstol se estaba refiriendo únicamente a aquellos de los que tenía conocimiento personal.

La verdad de la Palabra de Dios está para ser vivida, así como para ser creída (cp. Mt. 7:21; 12:50; Lc. 6:46-49; 11:28; Jn. 13:17; Ro. 2:13; Stg. 1:22; 1 Jn. 2:3). La frase "andando en la verdad" se refiere a caminar por la vida controlados por la verdad; es el equivalente a andar en la luz (1 Jn. 1:7). "Andar" es una metáfora frecuente del Nuevo Testamento para la vida cristiana: "Andemos en vida nueva" (Ro. 6:4), "por fe andamos, no por vista" (2 Co. 5:7), "andad en el Espíritu" (Gá. 5:16, 25), "buenas obras, las cuales Dios preparó de antemano para que anduviésemos en ellas" (Ef. 2:10), "os ruego que andéis como es digno de la vocación con que fuisteis llamados" (Ef. 4:1), "andad en amor" (Ef. 5:2), "andad como hijos de luz" (Ef. 5:8), "Mirad, pues, con diligencia cómo andéis" (Ef. 5:15), "para que andéis como es digno del Señor, agradándole en todo" (Col. 1:10), "os encargábamos que anduvieseis como es digno de Dios, que os llamó a su reino y gloria" (1 Ts. 2:12), "el que dice que permanece en [Jesús], debe andar como él anduvo" (1 Jn. 2:6), y "este es el amor, que andemos según sus mandamientos" (2 Jn. 6).

La referencia de Juan al mandamiento que los creyentes han recibido del Padre, de andar en la verdad, no es una alusión a un mandamiento en particular, sino que refleja el mandato general y obvio de las Escrituras a obedecer. A la Biblia incluso se le llama "el precepto de Jehová" (Sal. 19:8; cp. el uso similar de "mandamiento" en 1 Ti. 6:14). La obediencia a la verdad de Dios no es opcional. "Dios no ha revelado su verdad en una manera tal que nos deja libres a nuestro placer para creerla o no creerla, para obedecerla o desobedecerla. La revelación trae consigo responsabilidad, y mientras más clara la revelación, mayor la responsabilidad de creerla y obedecerla (cp. Am. 3:2)".[4]

Esta breve carta se inicia con un sonoro llamado a que los cristianos vivan de modo coherente con la verdad que creen. La única base verdadera para la unidad en la Iglesia es la verdad de la Palabra de Dios que permanece en los creyentes individuales, y que bendice y controla sus vidas. Solamente las iglesias y los cristianos que estén bien cimentados en los cimientos sólidos de la verdad podrán resistir las tormentas de persecución, tentación y falsa doctrina que constantemente los asaltan.

---

4. John R. W. Stott, *The Epistles of John,* The Tyndale New Testament Commentaries (Grand Rapids: Eerdmans, 1975), p. 206.

---◦∞◦---

Capítulo 9

ANDEMOS POR FE

2 Corintios 5:6-10

Así que vivimos confiados siempre, y sabiendo que entre tanto que estamos en el cuerpo, estamos ausentes del Señor (porque por fe andamos, no por vista); pero confiamos, y más quisiéramos estar ausentes del cuerpo, y presentes al Señor. Por tanto procuramos también, o ausentes o presentes, serle agradables. Porque es necesario que todos nosotros comparezcamos ante el tribunal de Cristo, para que cada uno reciba según lo que haya hecho mientras estaba en el cuerpo, sea bueno o sea malo. (5:6-10)

En el tiempo en que Pablo escribió esta carta a la iglesia en Corinto, él enfrentaba la muerte a diario. La hostilidad lo rodeaba, la animosidad era constante, así como la realidad y amenaza de la oposición y de la persecución a muerte. Los incrédulos judíos y gentiles buscaban quitarle la vida, lo veían como un peligro para su religión (cp. Hch. 13:50; 18:13), su prosperidad económica (cp. Hch. 19:23-27) e incluso para la estabilidad política (cp. Hch. 17:6). El sentido de muerte inminente aparece repetidamente en esta epístola:

> Porque hermanos, no queremos que ignoréis acerca de nuestra tribulación que nos sobrevino en Asia; pues fuimos abrumados sobremanera más allá de nuestras fuerzas, de tal modo que aun perdimos la esperanza de conservar la vida. Pero tuvimos en nosotros mismos

sentencia de muerte, para que no confiásemos en nosotros mismos, sino en Dios que resucita a los muertos; el cual nos libró, y nos libra, y en quien esperamos que aún nos librará, de tan gran muerte (2 Co. 1:8-10).

Pero tenemos este tesoro en vasos de barro, para que la excelencia del poder sea de Dios, y no de nosotros, que estamos atribulados en todo, mas no angustiados; en apuros, mas no desesperados; perseguidos, mas no desamparados; derribados, pero no destruidos; llevando en el cuerpo siempre por todas partes la muerte de Jesús, para que también la vida de Jesús se manifieste en nuestros cuerpos. Porque nosotros que vivimos, siempre estamos entregados a muerte por causa de Jesús, para que también la vida de Jesús se manifieste en nuestra carne mortal. De manera que la muerte actúa en nosotros, y en vosotros la vida (4:7-12).

Dijo describiendo su vida: "Como moribundos, mas he aquí vivimos; como castigados, mas no muertos" (6:9) y: "En peligros de muerte muchas veces" (11:23). ¿Cómo enfrentaba la realidad de que, como soldado en primera fila, vivía constantemente al filo de la muerte?

Algunos podrían haber esperado que Pablo disminuyera su osada proclamación del evangelio, pues la predicación era la que airaba a sus enemigos y ponía en peligro su vida. Que evitara más la confrontación habría mitigado las amenazas contra él. Pero cuanto más se intensificaban la hostilidad y la persecución, más atrevido se volvía Pablo. No titubeó nunca a la hora de proclamar con valentía la verdad. Como enfrentaba la muerte con confianza, incluso alegremente, la perspectiva triunfante lo llevó a escribir: "[Quisiera] estar [ausentes] del cuerpo, y [presentes] al Señor" (5:8), y: "Porque para mí el vivir es Cristo, y el morir es ganancia... Porque de ambas cosas estoy puesto en estrecho, teniendo deseo de partir y estar con Cristo, lo cual es muchísimo mejor" (Fil. 1:21, 23). Y como no temía a la muerte, no temía a la persecución, el dolor o el sufrimiento; podía "[vivir confiado] siempre" (2 Co. 5:6, 8).

Este pasaje edifica sobre los fundamentos que Pablo reveló en 4:16—5:5, cuando escribió que, sin importar cuán difíciles fueran las circunstancias, "no [desmayaba]; antes aunque [su] hombre exterior se [iba] desgastando, el interior no obstante se [renovaba] de día en día". Él entendió que la "leve tribulación momentánea [producía] en [él] un cada vez más excelente y eterno peso de gloria; no mirando... las cosas que se ven, sino las que no se ven; pues las cosas que se ven son temporales, pero las que no se ven son eternas" (4:16-18).

Pablo fue capaz de mantener ese tipo de perspectiva triunfante porque caminó por fe, no por vista. Su fe no estaba anclada en las riquezas o elogios de esta vida, sino en las promesas y propósitos de su amoroso Padre celestial. Como resultado, sufrió contento en este mundo por una recompensa superior en el mundo venidero.

La perspectiva celestial de Pablo

La muerte llega para todos en este mundo como un arrendador que, sin ninguna simpatía, ondea la orden de desalojo. Pero, para los creyentes, esta orden de desalojo tan solo los libera de esta Tierra desgraciada y los lleva a una morada infinitamente grandiosa y gloriosa en una ciudad celestial. Para el creyente, entonces, los sufrimientos, desilusiones y tristezas de esta vida son peores que la muerte. La muerte libera a los creyentes del suburbio relativamente ruinoso en el cual viven ahora y los lleva a una habitación en la casa del Padre eterno en la ciudad celestial.

Sabiendo esto, los cristianos no deben temer a la muerte. Deben tener el deseo de "partir y estar con Cristo, lo cual es muchísimo mejor" (Fil. 1:23). Esto, por supuesto, no quiere decir que podrían ser insensatos o descuidados con sus vidas; sus cuerpos pertenecen a Dios (1 Co. 6:19-20). Pero la preocupación obsesiva por el bienestar físico o el miedo a la muerte son incompatibles con la perspectiva cristiana. Los creyentes deben anhelar el cielo como el prisionero desea la libertad; como el enfermo, la salud; como el hambriento, la comida; como el sediento, la bebida; como el pobre, un salario; como el soldado, la paz. La esperanza y la valentía para enfrentar la muerte es la última oportunidad para que los cristianos exhiban su fe en Dios, para probar que su esperanza del cielo es genuina y para aumentar su confianza en las promesas de Dios.

En este pasaje, el apóstol Pablo demuestra lo que significa andar por fe y no por vista, ya que él vive a la luz de la gloria futura en el cielo. Su perspectiva celestial estimuló su anticipación para la próxima vida y su ambición en esta.

La anhelante anticipación de Pablo

Así que vivimos confiados siempre, y sabiendo que entre tanto que estamos en el cuerpo, estamos ausentes del Señor (porque por fe andamos, no por vista); pero confiamos, y más quisiéramos estar ausentes del cuerpo, y presentes al Señor. (5:6-8)

En los versículos 6-8, Pablo alcanzó la cima de la anticipación celestial. Miraba adelante esperando su nuevo cuerpo glorificado, la perfección del cielo y el cumplimiento eterno del plan divino. Pero, más allá de todo ello, estaba la realidad maravillosa de que la muerte lo llevaría a la presencia del Señor. La expresión "así que" señala las verdades fundamentales que Pablo expresó en los versículos 1-5. Por estas verdades, Pablo "siempre" estaba confiado cuando se enfrentaba a la muerte. Su confianza no era un sentimiento temporal o una emoción pasajera; era un estado de ánimo constante. Enfrentaba a la muerte con buen ánimo, con toda confianza. No es que no amara a las personas que formaban parte de su vida, pero amaba más al Señor. La vida para Pablo era una carrera para terminar, una batalla que ganar, una mayordomía que desempeñar. Una vez la carrera estuviera terminada, la batalla ganada y la mayordomía desempeñada, Pablo no veía razones para aferrarse a esta vida. La única razón para permanecer en la tierra era servir a Dios, y le declaró a Timoteo su disposición a partir cuando el servicio se completara:

> Porque yo ya estoy para ser sacrificado, y el tiempo de mi partida está cercano. He peleado la buena batalla, he acabado la carrera, he guardado la fe. Por lo demás, me está guardada la corona de justicia, la cual me dará el Señor, juez justo, en aquel día; y no sólo a mí, sino también a todos los que aman su venida (2 Ti. 4:6-8).

Sin embargo, la realidad de la vida en este mundo para los creyentes es "que entre tanto que [estén] en el cuerpo (viviendo en la carne), [están] ausentes del Señor". Los creyentes se comunican con el Señor mediante la oración y el estudio de la Palabra, y tienen comunión con Él por el Espíritu Santo que habita en ellos. Aun así, sigue existiendo un sentido en el cual están separados de Dios y anhelan que tal separación se termine.

El Salmo 42:1-2 expresa ese deseo: "Como el ciervo brama por las corrientes de las aguas, así clama por ti, oh Dios, el alma mía. Mi alma tiene sed de Dios, del Dios vivo; ¿Cuándo vendré, y me presentaré delante de Dios?". El salmista preguntó retóricamente esto: "¿A quién tengo yo en los cielos sino a ti? Y fuera de ti nada deseo en la tierra" (Sal. 73:25). Pablo anhelaba el día en que estaría siempre con el Señor (1 Ts. 4:17). Tal sentido de separación hizo que Abraham buscara "la ciudad... cuyo arquitecto y constructor es Dios" (He. 11:10) y que los santos del Antiguo Testamento reconocieran "que eran extranjeros y peregrinos sobre la tierra" (He. 11:13). Solo en el cielo los creyentes tendrán comunión íntima e inquebrantable con Dios (cp. Ap. 21:3-4, 22:23; 22:3-4).

La declaración entre paréntesis en el versículo 7, "porque por fe andamos, no por vista", explica cómo los creyentes pueden tener comunión con el Dios invisible en esta vida y servirle. Tal fe no es un anhelo fantástico o una superstición vaga, sino una fuerte confianza fundamentada en la verdad de las Escrituras. Es "la certeza de lo que se espera, la convicción de lo que no se ve" (He. 11:1).

Entonces Pablo concluye el pasaje con la declaración triunfante "confiamos, y más quisiéramos estar ausentes del cuerpo, y presentes al Señor". Repite lo que dijo en el versículo 6 sobre la perspectiva positiva del futuro a pesar de la constante e inminente realidad de muerte. Querer "estar ausentes del cuerpo y presentes al Señor" es entender el tiempo breve en la tierra solo como la experiencia de un extranjero y que el cielo es nuestra morada permanente y verdadera.

LO QUE MÁS AMBICIONABA PABLO

Por tanto procuramos también, o ausentes o presentes, serle agradables. Porque es necesario que todos nosotros comparezcamos ante el tribunal de Cristo, para que cada uno reciba según lo que haya hecho mientras estaba en el cuerpo, sea bueno o sea malo. (5:9-10)

La ambición siempre ha tenido mala reputación. Thomas Brooks, el noble escritor puritano, dijo: "La ambición es miseria con cubrimiento dorado, veneno secreto, plaga oculta, ingeniera del engaño, madre de la hipocresía, padre de la envidia, vicio original, polilla de la santidad, cegadora de corazones... Las sillas más altas siempre son incómodas".[1] La ambición ciega lleva a las personas a comprometer sus convicciones, violar sus creencias, y sacrificar su carácter. Ciertamente, la ambición impulsa a las

---

1. Citado en John Blanchard, *Truth for Life* (Welwyn: Evangelical Press, 1986), p. 179.

personas a buscar riqueza, prestigio, poder, preeminencia social, aclamación pública y dominio sobe otros.

Stephen Neill expresó con claridad esa connotación negativa de la ambición cuando dijo: "Me inclino a pensar que la ambición en cualquier sentido común del término es casi siempre pecaminosa en los hombres y mujeres comunes. Estoy seguro de que en el cristiano es siempre pecaminosa, y que es completamente inexcusable en todo ministro ordenado".[2]

La Biblia condena claramente la ambición pecaminosa (cp. Jer. 45: 4). Sin embargo, hay una clase de ambición que aprueba: la ambición de agradar al Señor. Pablo escribió: "Por tanto procuramos ["ambicionamos", LBLA]... serle agradables" (v. 9). Él usó la palabra en el sentido positivo de amar lo que es noble u honorable. De hecho, la palabra griega traducida como "procuramos" o "ambicionamos" (LBLA), *filotiméomai*, es una palabra compuesta de *filos* ("amor") y *time* ("honor"). Fue ese tipo de noble ambición lo que caracterizó a Pablo.

Es significativo que Pablo usó *filotiméomai* solo otras dos veces en sus escritos (las únicas otras veces aparece en el Nuevo Testamento). En Romanos 15:20 escribió: "Y de esta manera me esforcé [de *filotiméomai*] a predicar el evangelio, no donde Cristo ya hubiese sido nombrado, para no edificar sobre fundamento ajeno"; mientras que en 1 Tesalonicenses 4:11 exhortó a los tesalonicenses: "Que procuréis [de *filotiméomai*] tener tranquilidad, y ocuparos en vuestros negocios, y trabajar con vuestras manos de la manera que os hemos mandado". La misma enseñanza se da en 1 Timoteo 3:1, aunque Pablo usó diferentes palabras griegas: "Si alguno anhela [de *orégo*] obispado, buena obra desea [de *epithuméo*]". Como demuestra el ejemplo de Pablo, hay un lugar central

---

2. Citado en J. Oswald Sanders, *Spiritual Leadership*, ed. rev. (Chicago: Moody, 1980), p. 14. Publicado en español por Editorial Portavoz con el título *Liderazgo espiritual*.

en la vida cristiana por ambición noble, por una pasión por lo excelente y honorable.

La meta más elevada de Pablo

...serle agradables. (9c)

La ambición que Pablo más deseaba era también su meta más noble, la de agradar a Dios. En realidad, la ambición más alta y noble a la cual puede aspirar una persona es ser agradable a Dios. Pablo utilizó el adjetivo *euárestos* ("agradables") con frecuencia en sus escritos. En Romanos 12:1-2 y 14:18 lo utilizó para hablar del comportamiento aceptable a Dios. Urgió a los efesios a comprobar "lo que es agradable al Señor" (Ef. 5:10). Dijo que el respaldo financiero que los filipenses le dieron era "agradable a Dios" (Fil. 4:18). En Colosenses 3:20 señaló que la obediencia de los hijos a los padres "agrada al Señor". La palabra *euárestos* también aparece en Tito 2:9 para describir a esclavos que son agradables a sus amos. La ambición piadosa busca agradar al Señor en todos los aspectos de la vida (Col. 1:10).

En ningún otro lugar, la ambición de Pablo aparece más claramente expresada que en 1 Corintios 4:3-5:

> Yo en muy poco tengo el ser juzgado por vosotros, o por tribunal humano; y ni aun yo me juzgo a mí mismo. Porque aunque de nada tengo mala conciencia, no por eso soy justificado; pero el que me juzga es el Señor. Así que, no juzguéis nada antes de tiempo, hasta que venga el Señor, el cual aclarará también lo oculto de las tinieblas, y manifestará las intenciones de los corazones; y entonces cada uno recibirá su alabanza de Dios.

Uno de los muchos problemas que amenazaban a la iglesia de Corinto era el de juzgar a otros injustamente. Las diferentes facciones (cp. 1 Co. 1:12; 3:4) constantemente se condenaban unas a otras. Incluso Pablo estuvo bajo el asalto permanente e inmisericorde de tipo demoniaco de algunos falsos apóstoles de Corinto. Estos falsos maestros atacaron sus credenciales apostólicas, sus métodos ministeriales, su carácter e incluso el mensaje del evangelio que predicaba.

Pablo, impasible por el ataque fiero en su contra, respondió: "Yo en muy poco tengo el ser juzgado por vosotros, o por tribunal humano" (1 Co. 4:3). La opinión que tuvieran de él no le era tan importante, porque no buscaba agradar a los hombres, sino a Dios. Pablo se veía como un siervo y administrador de Dios (1 Co. 4:1; cp. 9:17; Ef. 3:2; Col. 1:25; Tit. 1:7) y, por lo tanto, le rendía cuentas a Él. Al apóstol no le preocupaban las evaluaciones terrenas y sesgadas sobre él (positivas o negativas); ningún tribunal humano, fuera un tribunal oficial o uno no oficial de opiniones humanas, podía dar el veredicto final sobre él.

Más allá de eso, Pablo escribió: "Ni aun yo me juzgo a mí mismo" (1 Co. 4:3). Era lo suficientemente sabio para saber que estaba sesgado a su favor y, por ello, carecía de objetividad. Aunque "de nada [tenía] mala conciencia" (v. 4; cp. 2 Co. 1:12), entendía que "engañoso es el corazón más que todas las cosas, y perverso" (Jer. 17:9). Por lo tanto, aplicaba para sí la advertencia que expresó en 1 Corintios 10:12: "Así que, el que piensa estar firme, mire que no caiga".

Pablo no tenía una actitud atrevida, desafiante o santurrona que rehusara someterse a juicio o escrutinio. Tampoco estaba diciendo que los creyentes no debían confrontar a otros creyentes que continuaran en pecado (cp. 1 Co. 5:12; 6:1-5). No estaba hablando de algún pecado en concreto porque escribió: "De nada tengo mala conciencia" (1 Co. 4:4). Quería decir que ni él ni los corintios podían juzgarlo de manera apropiada, que el juicio estaba reservado para un tribunal superior porque "el que [lo juzgaba era] el Señor" (v. 4).

Pablo concluyó exhortando a los corintios: "Así que, no juzguéis nada antes de tiempo" (1 Co. 4:5). El veredicto definitivo y preciso sobre la vida y ministerio de alguien corresponderá al Señor, "el cual aclarará también [cuando regrese] lo oculto de las tinieblas, y manifestará las intenciones de los corazones; y entonces cada uno recibirá su alabanza de Dios" (v. 5). A la luz de esta realidad, los creyentes deben andar "como es digno del Señor, agradándole en todo" (Col. 1:10; cp. 1 Ts. 4:1). Pablo creía, al final de su vida, que en alguna medida había cumplido su ambición espiritual (2 Ti. 4:7-8).

LA DEVOCIÓN DE PABLO ERA ILIMITADA

o ausentes o presentes, (9b)

La devoción de Pablo por su noble ambición no conocía límites, como lo deja bien claro la frase "o ausentes o presentes". Esta frase enlaza el pensamiento de Pablo con el pasaje anterior (cp. 5:6-8), como lo hace la frase "por tanto... también" que comienza el versículo 9. A lo largo de su ministerio, Pablo vivió constantemente al borde de la muerte. El apóstol describió de forma conmovedora esta amenaza siempre presente cuando escribió a los corintios:

> Que estamos atribulados en todo, mas no angustiados; en apuros, mas no desesperados; perseguidos, mas no desamparados; derribados, pero no destruidos; llevando en el cuerpo siempre por todas partes la muerte de Jesús, para que también la vida de Jesús se manifieste en nuestros cuerpos. Porque nosotros que vivimos, siempre estamos entregados a muerte por causa de Jesús, para que también la vida de Jesús se manifieste en nuestra carne mortal. De manera que la muerte actúa en nosotros, y en vosotros la vida (2 Co. 4:8-12; cp. 6:9).

Como Pablo miraba constantemente a la muerte cara a cara, anhelaba, como dijo en 2 Corintios 5:1, dejar su "morada terrestre" (el cuerpo físico) y recibir "un edificio, una casa no hecha de manos, eterna, en los cielos" (el cuerpo resucitado). La primera opción de Pablo era vivir hasta el rapto, cuando la transformación ocurriría. Si no era esa la voluntad de Dios para él (como fue el caso), la segunda opción de Pablo era "estar [ausente] del cuerpo, y [presente] al Señor" (5:8). Su tercera opción era "quedar en la carne" (Fil. 1:24).

En 2 Corintios 5:6, Pablo habló de estar presentes en el cuerpo y ausentes en el Señor; en el versículo 8 habló de estar ausentes del cuerpo y presentes con el Señor. Pero la ambición de Pablo, agradar a Dios, imperfectamente en la tierra o perfectamente en el cielo, permaneció intacta. Expresando esa máxima devoción, afirmó: "Porque ninguno de nosotros vive para sí, y ninguno muere para sí. Pues si vivimos, para el Señor vivimos; y si morimos, para el Señor morimos. Así pues, sea que vivamos, o que muramos, del Señor somos" (Ro. 14:7-8).

Algunos pueden suponer que el anhelo del cielo en Pablo implicaba indiferencia a su cuerpo terrenal; que expresaba una perspectiva antinomiana según la cual no importaba lo que alguien hiciera con su cuerpo físico y pecaminoso. Tal perspectiva habría sido acorde con la filosofía griega de dualismo de la época que sostenía que el cuerpo carecía de valor y era la prisión intrascendente del alma. Pero Pablo sabía que podía servir a Dios en su cuerpo físico de forma que le produjera una recompensa eterna. De modo que su anhelo del cielo y la resurrección del cuerpo lo hicieron más cuidadoso con la forma en que vivía. En 1 Corintios 9:27 escribió: "Golpeo mi cuerpo, y lo pongo en servidumbre, no sea que habiendo sido heraldo para otros, yo mismo venga a ser eliminado". Y advirtió así a los romanos: "Os ruego por las misericordias de Dios, que presentéis vuestros cuerpos en sacrificio vivo, santo, agradable a Dios, que es vuestro culto racional" (Ro. 12:1). La ambición de Pablo por agradar a Dios, en esta vida o en la futura, demuestra la gran intensidad de su devoción por el Señor.

La motivación más profunda de Pablo

Porque es necesario que todos nosotros comparezcamos ante el tribunal de Cristo, para que cada uno reciba según lo que haya hecho mientras estaba en el cuerpo, sea bueno o sea malo. (5:10)

La noble ambición que motivaba a Pablo era saber que el mismo Señor sacaría a la luz las profundidades de su corazón. Tal cosa ocurrirá en el futuro, cuando será *necesario* que "todos los creyentes comparezcan ante el tribunal de Cristo". Los términos fuertes "necesario" y "todos" enfatizan que este suceso es inevitable y abarcador. Saber esto motivaba grandemente a Pablo para agradar a Dios en esta vida.

"Comparezcamos" viene de la palabra griega *faneróo* que significa "hacer manifiesto", "hacer claro", "visibilizar" o "revelar". Philip E. Hughes comenta lo siguiente sobre el significado de *faneróo*: "Hacer manifiesto no significa solamente comparecer, sino estar desnudo, desprovisto de toda fachada de respetabilidad y revelado abiertamente en la realidad completa y verdadera del carácter personal".[3] Algunos han argumentado que los motivos secretos y las actitudes del corazón se harán manifiestos a los santos ángeles; sin embargo, no hay respaldo bíblico para tal especulación. Otros sostienen que la divulgación de la cual habla Pablo será a otros creyentes; una perspectiva que tampoco tiene respaldo bíblico. Los creyentes estarán tan preocupados con la revelación de sus propias obras que no prestarán atención a lo que se revele de los otros. Tampoco se trata de que los corazones de los hombres tengan que manifestarse ante el Dios omnisciente, porque Él ya conoce cada detalle de sus vidas.

En aquel día, para cada creyente se hará manifiesta la auténtica verdad sobre su vida, carácter y hechos. Cada uno descubrirá el

---

3. Philip E. Hughes, *The Second Epistle to the Corinthians* (Grand Rapids: Eerdmans, 1992), p. 180.

veredicto real sobre su ministerio, servicio y motivación. Toda hipocresía y pretensión se eliminará; todos los asuntos temporales que carezcan de importancia eterna se desvanecerán como la madera, el heno, la hojarasca, y solo quedará lo que tenga valor eterno. En 1 Samuel 16:7 se declara que "La gente se fija en las apariencias, pero [el Señor se fija] en el corazón" (NVI). El escritor de Hebreos añade: "Y no hay cosa creada que no sea manifiesta en su presencia; antes bien todas las cosas están desnudas y abiertas a los ojos de aquel a quien tenemos que dar cuenta" (He. 4:13). La verdadera evaluación de la obra que Dios ha hecho en los creyentes y a través de ellos se mostrará en aquel día.

Los creyentes no serán juzgados por sus pecados ante el tribunal de Cristo. Todo pecado de todo creyente ya se juzgó en la cruz, cuando "al que no conoció pecado, [Dios] por nosotros lo hizo pecado, para que nosotros fuésemos hechos justicia de Dios en él" (2 Co. 5:21). En la cruz, "Cristo nos redimió de la maldición de la ley, [se hizo] por nosotros maldición" (Gá. 3:13). En cuanto a sustituto, "llevó él mismo nuestros pecados en su cuerpo sobre el madero, para que nosotros, estando muertos a los pecados, vivamos a la justicia" (1 P. 2:24); "pero Cristo, habiendo ofrecido una vez para siempre un solo sacrificio por los pecados, se ha sentado a la diestra de Dios" (He. 10:12; cp. Ef. 1:7; 4:32; 1 Jn. 2:1-2). Debido a su sacrificio expiatorio en nuestro favor "Ahora, pues, ninguna condenación hay para los que están en Cristo Jesús, los que no andan conforme a la carne, sino conforme al Espíritu... ¿Quién es el que condenará? Cristo es el que murió; más aun, el que también resucitó, el que además está a la diestra de Dios, el que también intercede por nosotros" (Ro. 8:1, 34). Pero aunque la salvación no es por obras, las obras son resultado inevitable de la salvación. Philip Hughes comenta:

> Vale la pena recordar que un pasaje como este muestra que, lejos de haber discordia, hay un acuerdo fundamental entre las enseñanzas

de Pablo y Santiago sobre la fe y las obras. Es muy cierto que la justificación del pecado es por fe en Cristo y no por obras; pero la raíz oculta de la fe debe producir el fruto visible de las buenas obras. Este es el fruto que Cristo espera porque le da gloria al Padre y es evidencia para el mundo de la realidad dinámica de la gracia divina. Es especialmente en dar *mucho* fruto que el Padre se glorifica (Jn. 15:8, cursivas en el original).[4]

La palabra "tribunal" es la traducción de *béma*, que en su definición más sencilla describe un lugar al que se llega con escaleras, o un estrado. La Septuaginta (la traducción griega del Antiguo Testamento) lo usa en ese sentido en Nehemías 8:4. En la cultura griega, *béma* se refería al estrado en el que los atletas victoriosos recibían sus coronas, muy semejante al estrado en el reciben las medallas en los Juegos Olímpicos modernos. En el Nuevo Testamento se usó para el tribunal de Pilato (Mt. 27:19; Jn. 19:13), Herodes (Hch. 12:21) y Festo (Hch. 25:6, 10, 17). También hubo un *béma* en Corinto, donde los judíos incrédulos acusaron sin éxito a Pablo ante el procónsul romano Galión (Hch. 18:12, 16-17). Una persona era llevada ante el *béma* para que se examinaran sus obras, en un sentido judicial para acusar o absolver, o con el propósito de reconocer y recompensar algún logro.

Al escribir a los romanos sobre este mismo suceso, Pablo lo describió así: "El tribunal [*béma*] de Dios" (Ro. 14:10, NVI). Dios Padre es el Juez supremo, pero "todo el juicio dio al Hijo" (Jn. 5:22). Paul Barnett comenta:

> Un pasaje paralelo —"¡Todos tendremos que comparecer ante el tribunal de Dios!" (Ro. 14:10, NVI)— implica identidad de funciones entre Cristo y Dios; Dios juzga y Cristo juzga. El Nuevo Testamento suele referirse a Cristo como el juez señalado por Dios, apropiado

---

4. Ibíd., p. 183.

para este papel en cuanto Hijo del Hombre, como en Daniel 7:13-14, 26-27 (p. ej., Jn. 5:22, 27; 9:39; Mt. 25:31-32; Hch. 10:42; 17:31; cp. Ap. 20:11-15).[5]

La frase "cada uno" enfatiza la naturaleza personal del juicio de los creyentes; es un juicio individual, no colectivo. Su propósito, como se dijo arriba, no es judicial; es que cada creyente "reciba según lo que haya hecho mientras estaba en el cuerpo". La palabra "reciba" es traducción de una forma del verbo *komízo*, que significa "recibir de vuelta lo que es debido", ya sea castigo para un criminal o recompensa para quien deba recibir honra. Cuando los creyentes estén ante el Señor Jesucristo, recibirán lo que hayan hecho mientras estaban "en el cuerpo" (Ap. 22:12). Por lo tanto, no pueden menospreciar sus cuerpos o tratarlos con desprecio como en el dualismo o el antinomismo. Más bien, deben "[presentar sus] cuerpos en sacrificio vivo, santo, agradable a Dios, que es [su] culto racional" (Ro. 12:1). Las cosas hechas en el cuerpo tienen un potencial valor eterno (cp. Mt. 6:19-21).

El uso de la palabra "malo" no indica que el juicio de los creyentes sea un juicio sobre el pecado, puesto que todo su pecado ya quedó juzgado en Cristo. El contraste entre bueno y malo no es entre bien moral y mal moral. La palabra "malo" no es traducción de *kakós* o *ponerós*, las palabras para mal moral, sino de *faúlos*, que significa "sin valor" o "inútil". Richard C. Trench escribe que *faúlos* "contempla el mal bajo otro aspecto, no tanto desde la malignidad activa o pasiva, sino desde lo bueno para nada, desde la imposibilidad de obtener una ganancia verdadera que provenga de ello".[6] *Faúlos* describe aquellas cosas mundanas que no tienen un

---

5. Paul Barnett, *The Second Epistle to the Corinthians*, The New International Commentary on the New Testament (Grand Rapids: Eerdmans, 1997), p. 275 n. 45.

6. Richard C. Trench, *Synonyms of the New Testament* (Grand Rapids: Eerdmans, 1953; reimp. 1983), p. 317.

valor eterno inherente ni son pecaminosas, como salir a caminar, salir de compras, irse al campo, ir tras un estudio de postgrado, ascender en la carrera profesional, dedicarse a la pintura o escribir poesía. Todas estas cosas moralmente neutras serán juzgadas cuando los creyentes estén ante el tribunal de Cristo. Si se hicieron con el propósito de glorificar a Dios, se considerarán buenas. Si se hicieron con egoísmo, se considerarán malas.

La definición más clara de la diferencia entre lo bueno y lo malo (sin valor) está en 1 Corintios 3:11-15:

> Porque nadie puede poner otro fundamento que el que está puesto, el cual es Jesucristo. Y si sobre este fundamento alguno edificare oro, plata, piedras preciosas, madera, heno, hojarasca, la obra de cada uno se hará manifiesta; porque el día la declarará, pues por el fuego será revelada; y la obra de cada uno cuál sea, el fuego la probará. Si permaneciere la obra de alguno que sobreedificó, recibirá recompensa. Si la obra de alguno se quemare, él sufrirá pérdida, si bien él mismo será salvo, aunque así como por fuego.

El único fundamento de la vida cristiana es el Señor Jesucristo (cp. 1 P. 2:6-8), pero los creyentes deben edificar sobre ese fundamento, como exhortó Pedro:

> Vosotros también, poniendo toda diligencia por esto mismo, añadid a vuestra fe virtud; a la virtud, conocimiento; al conocimiento, dominio propio; al dominio propio, paciencia; a la paciencia, piedad; a la piedad, afecto fraternal; y al afecto fraternal, amor. Porque si estas cosas están en vosotros, y abundan, no os dejarán estar ociosos ni sin fruto en cuanto al conocimiento de nuestro Señor Jesucristo. Pero el que no tiene estas cosas tiene la vista muy corta; es ciego, habiendo olvidado la purificación de sus antiguos pecados. Por lo cual, hermanos, tanto más procurad hacer firme vuestra vocación y elección; porque haciendo estas cosas, no caeréis jamás (2 P. 1:5-10).

Los creyentes no edifican para la eternidad con "madera, heno [u] hojarasca", sino con "oro, plata [y] piedras preciosas". Las últimas son valiosas, permanentes e indestructibles y sobrevivirán el fuego del juicio; las primeras, aunque no sean malas, carecen de valor y son combustibles. Esas ilustran las cosas que no tienen valor perdurable o eterno. El fuego, que simboliza el juicio, las consumirá en aquel día, cuando "la obra de cada uno se hará manifiesta". Los creyentes solo recibirán recompensa por las obras cuya motivación sea alabar y glorificar al Señor.

Como caminaba por fe, y no por vista, el anhelo de Pablo por el cielo no le hizo actuar de modo irresponsable o infiel aquí en la tierra; todo lo contrario. Su gran expectativa para el futuro alimentó su seria ambición en esta vida de agradar a Cristo en todas las cosas.

RECONOCIMIENTOS

Estamos muy agradecidos a Nathan Busenitz por su buen trabajo en reunir y organizar el material para este tomo en la *Serie de estudios John MacArthur*, sacándolo de varios de los libros de la colección de 33 volúmenes (en inglés) del *Comentario MacArthur del Nuevo Testamento*. Nathan también añadió nuevas introducciones y material en varios de los capítulos.

Vaya también nuestro especial agradecimiento al equipo de Moody Publishers, sobre todo al editor jefe Jim Vincent y al editor de adquisiciones Drew Dyck. Jim actualizó las fuentes y ejemplos y ajustó el texto en lugares clave; Drew aportó sugerencias valiosas en muchas partes.